Peter Sandbiller

Der Schwarzwald

Peter Sandbiller

Texte von · Text by · Textes de
Silvia Huth und **Manfred Frust**

Der Schwarzwald

Deutsch · English · Français

Silberburg-Verlag

Inhalt

Contents · Sommaire

Der elegante Schwarzwald: In den 1840er-Jahren schuf Württembergs Hofbaumeister Nikolaus Friedrich von Thouret das klassizistische Eberhardsbad in Bad Wildbad.

The elegant Black Forest: the Württemberg court architect Nikolaus Friedrich von Thouret created the classical Eberhardsbad in Bad Wildbad in the 1840s.

La forêt Noire élégante : Au cours des années 1840, Nikolaus Friedrich von Thouret, architecte à la cour de Wurtemberg, bâtit à Bad Wildbad les bains Eberhard de style classique.

Der Schwarzwald

Verlockend und geheimnisvoll zeichnet sich die dunkle Silhouette des Schwarzwalds über der Rheinebene ab. Als gewaltige Bewegungen der Erdkruste vor Jahrmillionen den Oberrheingraben kilometertief einbrechen ließen, stieg an dessen Rand das Gebirge wie eine schiefe Ebene empor.

Im Süden überragt der 1493 Meter hohe Feldberg alle anderen deutschen Mittelgebirgsgipfel. Im Westen fällt die zerklüftete Flanke des Schwarzwalds mehr als 1000 Meter steil zum Rhein ab, nach Norden und Osten geht er mit weiten Hochplateaus sanft in die Gäulandschaften, die Baar und das Albvorland über.

In einer einzigartigen Mischung aus Kulturlandschaft und Wildnis erstreckt er sich mit seinen beiden Naturparks von Karlsruhe und Pforzheim im Norden bis Lörrach und Waldshut im Süden über eine Fläche, die dreimal so groß ist wie das Saarland. Wer die vertraute Postkartenromantik sucht, wird nicht enttäuscht: Wasserfälle tosen durch steile Schluchten, dunkle Karseen, ein Werk der Eiszeitgletscher, lassen von verwunschenen Nixen träumen, und inmitten blühender Wiesen ruht der typische Schwarzwaldhof unter seinem wuchtigen Walmdach.

Erst auf den zweiten Blick erschließt sich die herbe Schönheit der Hochmoore oder der Bannwälder, die sich seit 100 Jahren vom Menschen ungestört entwickeln konnten. Auf den vom Wind abgeschliffenen Kuppen schufen Brandrodung und Weidenutzung mit den kahlen »Grinden« eine Landschaft, die man eher in Schottland oder Skandinavien erwartet.

Am fruchtbaren, sonnenverwöhnten Westhang dagegen blühen schon Anfang April die Apfelbäume, und im Rebland an der Badischen Weinstraße gedeiht die Hälfte der Süßkirschen- und Zwetschgenernte des Landes Baden-Württemberg.

Die Schwarzwaldflüsse waren die Lebensadern der Wirtschaft: Sie trieben Wasserräder und Turbinen an, sie brachten das wichtigste Exportgut zu Tal: Holz, das »Erdöl des Mittelalters«. An ihren Ufern ließen sich Handel und Gewerbe im Schutz wehrhafter Burgen nieder.

Am Rand des Gebirges beeindruckt die Pracht der Barockresidenzen in Donaueschingen, Karlsruhe und Rastatt ebenso wie die klassizistische Eleganz der alten Badeorte. In den Bergen locken historische Städte, malerische Fachwerkdörfer und mächtige Abteien.

Ausflugsgästen beschert der Schwarzwald im Sommer frische Höhenluft statt drückender Schwüle, glitzernden Schnee und blauen Himmel an Wintertagen, wenn die Täler in Matsch und Nebel versinken. Sieben Millionen Urlauber brachten 2011 mehr als acht Milliarden Euro Umsatz in die Region, in der rund 750 000 Arbeitsplätze direkt oder indirekt am Tourismus als wichtigstem Wirtschaftszweig hängen. Fast zwei Drittel aller Kur- und Erholungsorte des »Bäderlands Baden-Württemberg« liegen im Schwarzwald, dessen heiße Quellen schon die Römer genossen.

Im 19. Jahrhundert kamen Sommerfrische und romantisches Naturerlebnis in Mode. Die Eisenbahn erschloss selbst die entlegensten Gebirgstäler, immer mehr Menschen konnten sich einen Urlaub leisten und die Sozialversicherung machte Kuren für breite Schichten erschwinglich. Damals übernahm der 1864 in Freiburg gegründete Schwarzwaldverein eine Vorreiterrolle: Deutschlands ältester Wanderverein veröffentlichte Karten und Reiseführer, baute Aussichtstürme und Wanderheime und legte schon im Jahr 1900 den legendären »Westweg« von Pforzheim nach Basel an. Heute überziehen den Schwarzwald mehr als 24 000 Kilometer Spazier- und Wanderwege, Klettersteige, Langlaufloipen, Schneeschuh-Trails und Touren für Fahrrad oder E-Bike. Der 2007 angelegte »Schluchtensteig« im Südschwarzwald wurde zum schönsten Weitwanderweg Deutschlands gekürt und eine spektakuläre Mountainbike-Route führt über 450 Kilometer und 16 000 Höhenmeter von Pforzheim bis Bad Säckingen.

Kuckucksuhr, Bollenhut und Kirschtorte sind zwar seine weltbekannten Markenzeichen, aber die Menschen suchen im Schwarzwald heute wie einst Natur und Erlebnis, Gesundheit und Erholung. »Deutschlands Genießer-Ecke« darf sich mit mehr Gourmetauszeichnungen schmücken als selbst die großen Metropolen. Ihre Küche verbindet Einflüsse aus Baden, Schwaben, dem Elsass und der Schweiz mit heimischen Spezialitäten. So finden auch Arme-Leute-Speisen wie der frische »Bibbeles-Käs« ihren Weg in die Haute Cuisine.

Nicht nur aus Geschmacksgründen servieren Sterne-Köche den Zwiebel-Rostbraten »vom Hinterwälder Rind«, einer uralten, genügsamen Rasse aus den Hochlagen des Schwarzwalds, die mit der Hochleistungs-Milchkuh nicht mithalten konnte und vor 30 Jahren noch vom Aussterben bedroht war: Heute grasen sie als »Landschaftspfleger« längst aufgegebene Flächen ab, die der Wald sonst zurückerobern würde, und bewahren so die typische Schwarzwaldlandschaft, die dem Feinschmeckermenü erst seine »Würze« gibt.

Auch mancher Bauer, der am Milchpreis verzweifelt, findet in der Landschaftspflege neue Überlebenschancen. Seit die ersten Siedler vor 1000 Jahren ins Höhengebiet zogen, machen karger Boden, raues Klima und steile Hänge die Landwirtschaft dort zu einer ständigen Gratwanderung am Rand des Existenzminimums. Es ist kein Zufall, dass der Bauernkrieg 1524 im südlichen Schwarzwald seinen Ausgang nahm.

Während Feudalherren und Klöster jahrhundertelang mit Bergbau, Glashütten und Holzhandel ihre Kassen füllten, verdiente der »gemeine Mann« sein Brot als Holzfäller, Flößer oder Köhler, zahllose Heimarbeiter schufteten an Spinnrad und Webstuhl für städtische Kaufleute, und im Hochschwarzwald verlegte man sich auf die Uhrmacherei. Textil-, Uhren- und Phonoindustrie wurden zu Leitbranchen des Schwarzwalds. Namen wie Junghans, Kienzle, DUAL oder SABA besaßen Weltgeltung, bis sie der Globalisierung im ausgehenden 20. Jahrhundert zum Opfer fielen. Überlebt haben innovative Mittelständler, die für ihre Hightech-Produkte im Schwarzwald auch heute qualifizierte Arbeitskräfte finden. An die Traditionsberufe von einst erinnern Besucherbergwerke und Flößerfeste, Uhrenmuseen und die Deutsche Uhrenstraße.

The Black Forest

The dark silhouette of the Black Forest rises above the Rhine Plain in an enticing yet secretive manner. When, millions of year ago, massive movements in the earth's crust broke open the deep Upper Rhine trench, the hills rose at its edge like an inclined plane.

In the South, the Feldberg, 1,493 metres high, stands higher than any other upland peak in Germany. In the West, the craggy flank of the Black Forest falls steeply more than 1,000 metres to the Rhine, whilst, to the North and East, broad uplands gently change into the Gäu regions, the Baar and the foothills of the Swabian Jura.

In a unique mixture of a cultural landscape and wilderness, with its two nature parks, it runs from Karlsruhe and Pforzheim in the North to Lörrach and Waldshut in the South and has an area three times the size of the Saarland. Anyone looking for the romantic pictures they know from postcards will not be disappointed: Water falls into deep gorges, dark cirques, a product of the ice age glaciers, creating images of enchanted nymphs, whilst the typical Black Forest farmstead, with its massive hipped roof, nestles amongst meadows and flowers.

It takes a second look to discover the raw beauty of the bogs or the protective forests which have developed over the last 100 years, unhindered by Man. On rocky domes, ground down by the wind, slash-and-burn agriculture and farmland have created a landscape, which, with its barren moorland, is more like Scotland or Scandinavia.

By contrast, the fertile, sun-drenched western slopes see the apple blossom at the beginning of April and the fruit orchards along the Badische Weinstrasse produce half of Baden-Württemberg's cherries and plums.

The rivers of the Black Forest were the lifeblood of the local economy: they drove waterwheels and turbines and they brought the most important export into the valley—wood, the "crude oil of the Middle Ages". Craftsmen and tradesmen settled on the banks of the rivers, in the protection of mighty castles.

On the perimeter of the uplands, the fine Baroque palaces of Donaueschingen, Karlsruhe and Rastatt are as impressive as the classical elegance of the old spa towns. The hills are home to historic towns, picturesque half-timbered villages and mighty abbeys.

In the summer, the Black Forest offers tourists fresh upland air instead of oppressive humidity, and, in the winter, glittering snow and blue skies when the valleys are full of fog and slush. In the course of 2011 seven million holidaymakers spent more than eight billion Euros in the region, in which around 750,000 jobs are connected directly or indirectly to tourism as the most important industry. Almost two-thirds of all spa towns in the "Spa State of Baden-Württemberg" are located in the Black Forest, where hot springs were even enjoyed by the Romans.

Summer freshness and romantic nature holidays became fashionable in the 19th century. The railway reached even the most remote mountain valleys, ever more people could afford holidays and welfare made spa holidays affordable to broad swathes of the population. The Schwarzwaldverein ("Black Forest Association"), founded in Freiburg in 1864, played a key role in this: Germany's oldest hiking club published maps and guides, built viewpoints and accommodation and, as early as 1900, set out the legendary "Westway" trail from Pforzheim to Basle. Today, the Black Forest is criss-crossed by more than 24,000 kilometres of hiking and walking trails, climbing routes, Nordic ski and snowshoe trails, as well as routes for bicycles and e-bikes. The "Schluchtensteig", created in the southern Black Forest in 2007, was proclaimed Germany's most attractive long-distance hiking trail and a spectacular mountain bike route crosses 450 kilometres and 16,000 metres in altitude as it travels from Pforzheim to Bad Säckingen.

Cuckoo clocks, Bollenhut hats and Black Forest gateau may all be its world-renowned trademarks, but today, as in the past, people still look to the Black Forest for nature and adventure, health and relaxation. "Germany's gourmet region" possesses more culinary awards than even the major urban areas. Its cuisine combines influences from Baden, Swabia, Alsace and Switzerland with local specialities. Thus "poor men's meals" such as fresh cottage cheese are included in haute cuisine.

It is not just for reasons of taste that top chefs serve steaks of "Hinterwälder Beef", an ancient, undemanding breed from the uplands of the Black Forest, which could not keep up with high-yield dairy cattle and was on the verge of extinction 30 years ago. Today, they act as "gardeners", grazing on long-abandoned areas, which would otherwise be recolonised by forests, thus maintaining the typical Black Forest landscape, which gives the gourmet menus their piquancy.

Even some farmers, who despair at milk prices, are finding new opportunities in tending the countryside. Ever since the first settlers moved into the uplands over 1,000 years ago, barren soils, a tough climate and steep slopes have made agriculture in the region a continuous battle for survival. It is hardly a surprise that the Peasants' War of 1524 began in the southern Black Forest.

Whilst feudal lords and monasteries filled their coffers for centuries through mining, glassworks and the trade in wood, the "normal man" earned his daily bread as a woodcutter, raftsman or charcoal burner. Countless people worked at home with spinning wheels and looms for urban merchants, whilst, in the Upper Black Forest, people specialised in making clocks. The textile, clock and record industries became the leading industrial sectors in the Black Forest. Names like Junghans, Kienzle, DUAL or SABA were known around the world until they fell victim to the globalisation process at the end of the 20th Century. Innovative medium-sized businesses have survived and continue to draw skilled workers to the Black Forest to produce their hi-tech products. Open mines and rafting festivals, clock museums and the German Clock Road all serve as reminders of the traditional crafts of the region.

La Forêt Noire

Séduisante et mystérieuse, la sombre silhouette de la Forêt Noire se dessine au-dessus de la plaine du Rhin. Il y a des millions d'années, des glissements gigantesques de l'écorce terrestre entraînèrent un effondrement de la fosse du Rhin supérieur à une profondeur de plusieurs kilomètres et la montagne se releva sur ses bords sous forme d'une plaine inclinée.

Au sud, le mont du Feldberg culmine à 1493 m et dépasse les cimes des toutes les autres montagnes moyennes d'Allemagne. A l'ouest, le flanc crevassé de la Forêt Noire descend jusqu'au Rhin en un escarpement de plus de 1000 mètres. Vers le nord et vers l'est, elle se prolonge par des hauts plateaux jusqu'aux paysages du Gau, de la Baar et aux promontoires du Jura Souabe.

Mélange unique en son genre de paysages culturels et de contrées sauvages, elle étend ses deux parcs naturels de Karlsruhe et de Pforzheim, au nord, et atteint Lörrach et Waldshut, au sud, occupant une superficie trois fois plus grande que celle de la Sarre. Les amateurs de romantisme familier de carte postale ne seront pas déçus : Des cascades déferlent dans des gorges escarpées, des lacs, résidus des glaciers de l'époque glaciaire, font rêver d'ondines ensorcelées, et, au milieu de prairies couvertes de fleurs, la ferme typique de la Forêt Noire est tapie sous son imposant toit en croupe.

Ce n'est qu'au deuxième coup d'œil que l'on réalise la dure beauté des marais ou des forêts naturelles qui, depuis plus de 100 ans, ont pu se développer sans l'intervention humaine. Sur des crêtes polies par le vent, le défrichement par le feu et le pâturage ont créé les « Grinden » nues, un paysage de monts pelés plus commun en Ecosse ou en Scandinavie. Dès début-avril, les pommiers fleurissent sur les versants septentrionaux fertiles et baignés de soleil alors qu'au milieu des vignobles badois croît la moitié de la récolte de cerises douces et de quetsches du Bade-Wurtemberg.

Les rivières de la Forêt Noire étaient autrefois les artères vitales de l'économie : Elles entraînaient les roues des moulins et les turbines, elles transportaient vers la vallée le plus important produit d'exportation : Le bois, le « pétrole du Moyen Âge ». Le commerce et l'artisanat s'installèrent sur leurs rives, à l'abri de châteaux forts.

Au bord du massif montagneux, la magnificence des résidences baroques à Donaueschingen, Karlsruhe et Rastatt de même que l'élégance du classicisme des vieilles stations balnéaires sont impressionnantes. Des villes historiques, des villages aux colombages pittoresques et des cloîtres majestueux nous attirent.

La Forêt Noire offre à ses visiteurs, en été, l'air frais de l'altitude au lieu d'une chaleur lourde et oppressante et, pendant les journées d'hiver, une neige étincelante et un ciel bleu lorsque les vallées sont noyées dans la boue et plongées dans le brouillard. Sept millions de vacanciers ont engendré, en 2011, un chiffre d'affaires de plus de huit milliards d'Euro dans une région ou près de 750 000 emplois dépendent directement ou indirectement du tourisme en tant que vecteur économique le plus important.

C'est au 19ème siècle que la fraîcheur estivale et le vécu naturel romantique furent à la mode. Le chemin de fer raccorda les vallées montagnardes les plus reculées, de plus en plus de personnes purent se payer des congés et l'assurance sociale mit les cures à la portée d'un large public. C'est à cette époque que l'Association de Forêt Noire, fondée à Fribourg en 1864, joua un rôle de pionnier : L'association de randonneurs pédestres, la plus ancienne d'Allemagne, publia des cartes et des guides, construisit des belvédères et des gîtes pour randonneurs et, en 1900 déjà, créa le « Chemin de Grandes Randonnées Ouest » entre Pforzheim et Bâle. Aujourd'hui, plus de 24 000 km de chemins de randonnées et de promenade, de voies de varappe, de pistes de ski de fonds ou de raquettes de neige ou bien de circuits pour cyclistes conventionnels ou vélos à assistance électrique sillonnent la Forêt Noire.

Le coucou, le chapeau à pompons et la tarte au Kirsch sont des spécialités connues au niveau mondial mais, aujourd'hui comme hier, les visiteurs recherchent en Forêt Noire la nature et son vécu, la santé et la détente. Ce coin « d'Allemagne des gourmets » a reçu plus de distinctions culinaires que les plus grandes métropoles. Sa cuisine ajoute aux spécialités locales les influences du Bade, de Souabe, d'Alsace et de Suisse. C'est ainsi que des plats de pauvre comme le fromage blanc frais du « Bibbeleskäs » a fait son entrée dans la haute cuisine. Ce n'est pas uniquement pour des raisons de goût que les cuisiniers « étoilés » servent le « Rostbraten » aux oignons frits à la viande de bœuf Hinterwälder, une très vieille race de bœufs sobres des hauteurs de la Forêt Noire qui ne put résister à la concurrence des vaches laitières de haut rendement, et qui, il y a 30 ans, était menacée de disparition : Aujourd'hui ils paissent en tant que paysagistes des surfaces délaissées qui, sinon seraient envahies par la forêt et assurent ainsi la sauvegarde du paysage typique de la Forêt Noire qui donne son goût à ce plat apprécié des gourmets.

Même certains éleveurs, déprimés par la chute du prix du lait, voient de nouvelles chances de survie dans l'entretien du paysage. Depuis que les premiers colons se sont installés sur les hauteurs, il y a 1000 ans, le sol pauvre, le rude climat et la raideur des pentes ont fait que l'agriculture a été constamment en équilibre instable à la limite du minimum vital. Ce n'est pas par hasard si les guerres paysannes ont éclaté en 1524 dans le sud de la Forêt Noire. Alors que les seigneurs féodaux et les cloîtres s'enrichissaient depuis des siècles grâce aux mines, aux verreries et au commerce du bois, le peuple simple gagnait son pain en tant que bûcheron, flotteur de bois ou charbonnier. De nombreuses mains s'affairaient à domicile sur le rouet ou le métier à tisser pour des marchands citadins. En haute Forêt Noire, on se spécialisa dans l'horlogerie. Les industries textile, horlogère et phonographique devinrent les activités de pointe de la Forêt Noire. Des marques comme Junghans, Kienzle, DUAL ou SABA jouirent d'une renommée mondiale avant de succomber à la mondialisation à la fin du 20ème siècle. Des moyennes entreprises ont survécu et, aujourd'hui encore, trouvent en Forêt Noire une main d'œuvre qualifiée pour la fabrication de leurs produits de haute technologie. Les visites de mines, les fêtes des flotteurs de bois, les musées de l'horlogerie et la Route Allemande de l'Horlogerie rappellent les professions traditionnelles d'autrefois.

Südschwarzwald

Southern Black Forest · La Forêt Noire du Sud

Das Höchste: der Süden. Mit seinen 1493 Metern überragt der Feldberg alle deutschen Mittelgebirge. Die Höhenlandwirtschaft hat auf dem Dach Baden-Württembergs weitläufige offene Wiesenfluren geschaffen, die fünf Monate im Jahr unter einer geschlossenen Schneedecke liegen.

Der gewaltige Gebirgsstock reicht im Westen bis zum sagenumwobenen Belchen und zu Freiburgs Hausberg, dem Schauinsland, der früher »Erzkasten« hieß: Seine Silberminen machten die Stadt der Zähringerherzöge reich und ermöglichten auch den Münsterbau.

Die Bürgerschaft der Breisgaumetropole unterstellte sich 1368 den Habsburgern, die Freiburg 1457 zur Universitätsstadt und 1651 zur Hauptstadt Vorderösterreichs erhoben. Mit Ausnahme des Markgräfler Lands im Südwesten und der fürstenbergischen Gebiete an der Wutach umfasste es den gesamten Südschwarzwald. Bis zum Übergang an das protestantische Baden 1803 übten die Äbte der reichen Klöster mehr als 700 Jahre lang beinahe fürstliche Macht aus. In ihrem Auftrag schufen die größten Baumeister und Künstler des Barock im 18. Jahrhundert märchenhafte Prachtbauten mitten in abgelegenen Wäldern und Tälern.

Auf ihrem Weg zum Hochrhein strömen die Flüsse aus dem Feldbergmassiv an der Südflanke des Schwarzwalds durch den dünn besiedelten Hotzenwald. Einst war er die Heimat freiheitsliebender Bauern, die jahrhundertelang um ihre Rechte kämpften. Bis vor 50 Jahren war er jedoch auch Badens Notstandsgebiet – landschaftlich reizvoll, aber bitterarm.

Von den Töchtern des Feldbergs fließt nur die Wutach nach Osten. Auf ihrem Weg hat sie die spektakulären Schluchten in die Hochebene gesägt, die zu den kostbarsten Biotopen des Landes gehören. Einst floss die Wutach zur Donau, später schwenkte sie zum Hochrhein um. Seit 1801 markiert er die Landesgrenze und zerschneidet die Städte von Waldshut bis Rheinfelden ebenso wie den uralten Wirtschaftsraum von Aargau und Südschwarzwald.

The heights: the South. At 1493 metres, the Feldberg rises above any other upland peak in Germany. Upland agriculture on the roof of Baden-Württemberg has created broad expanses of open meadows, which lay under a thick blanket of snow for five months of the year.

The massif runs westwards to the Belchen and to Freiburg's backyard mountain, the Schausinsland, which used to be called the "Erzkasten" or "ore store": its silver mines enriched the city of the Dukes of Zähringen, and financed the building of the cathedral.

The citizens of the Breisgau metropolis became subjects of the Habsburgs in 1368, who founded Freiburg's university in 1457 and made the city the capital of Lower Austria in 1651. With the exception of the Markgräfler Land in the south-west and the Fürstenberg lands along the River Wutach, it comprises the whole of the southern Black Forest. Until the transition to Protestant Baden in 1803, the abbots of the rich monasteries exercised almost ducal power for more than 700 years. It was on their orders that the great Baroque architects and artists of the 18th Century created fairy-tale buildings in the heart of remote forests and valleys.

On their way to the Upper Rhine, the rivers flow from the Feldberg massif, along the southern flank of the Black Forest and through the sparsely-populated Hotzenwald. Once, this was the home of freedom-loving peasants, who fought for their rights over the course of centuries. However, until about 50 years ago, it was also Baden's troublespot – with beautiful landscapes but also serious poverty.

From the foothills of the Feldberg, only the River Wutach flows eastwards. On its course, it has carved out the spectacular gorges in the uplands, to which the most valuable biotopes of the region belong. Once the River Wutach flowed into the Danube, before it later changed course to join the Upper Rhine. Since 1801, the Rhine has marked the national border, splitting apart towns from Waldshut to Rheinfelden as well as the ancient economic areas of the Aargau and southern Black Forest.

Le sud et ses sommets : Avec ses 1493 mètres, le Feldberg surplombe toutes les montagnes moyennes d'Allemagne. L'agriculture d'altitude a créé, sur le toit du Bade-Wurtemberg, de vastes espaces libres où, cinq mois par an, les pâturages sont recouverts par une épaisse couche de neige.

L'énorme massif montagneux s'étend à l'ouest jusqu'au ballon du Belchen, entouré de légendes, et jusqu'au Schauinsland, le mont local de Fribourg appelé autrefois la cassette de minerais : Ses mines d'argent enrichirent la ville des ducs de Zähringen et permirent la construction de la cathédrale. En 1368, les citoyens de la métropole du Brisgau se soumirent aux Habsbourg qui élevèrent la ville, en 1457, au rang de cité universitaire, puis, en 1651, à celui de capitale de l'Autriche Antérieure qui couvrait alors la totalité de la Forêt Noire du sud à l'exception du Territoire des Margraves au sud-ouest et des domaines de Fürstenberg sur les rives de la Wutach. Jusqu'à son passage au Bade protestant en 1803, les pères abbés des riches cloîtres exercèrent pendant plus de 700 ans un pouvoir pratiquement princier. C'est sur leur ordre que les plus éminents architectes et artistes de l'époque baroque érigèrent au 18ème siècle de magnifiques bâtiments féériques en plein milieu de forêts et dans des vallons retirés.

Sur leur chemin vers le Rhin supérieur, les rivières qui proviennent du massif du Feldberg s'écoulent sur le flanc sud de la Forêt Noire et traversent La Hotzenwald peu peuplée. Elle était autrefois la patrie de paysans amoureux de leur liberté qui défendirent leurs droits pendant des siècles. Il y a encore 50 ans, cette région du Bade se trouvait en état d'urgence – un paysage attrayant d'une pauvreté extrême.

Parmi les filles du Feldberg, seule la Wutach coule vers l'est. En cours de route elle a creusé des gorges spectaculaires dans le haut-plateau. Elles comptent parmi les biotopes les plus précieux du Land. Autrefois, elle rejoignait le Danube mais, avec le temps, elle changea de direction pour devenir un affluent du Rhin supérieur. Depuis 1801, ce dernier constitue la frontière des états et coupe en deux les villes de Waldshut à Rheinfelden ainsi que l'espace économique très ancien de l'Aargau et de la Forêt Noire du sud.

Spielverderber sprechen von Stolperfallen. Doch Freiburgs »Bächle« haben Tradition: Seit dem Mittelalter durchziehen sie die Altstadtgassen, und nach dem Luftangriff 1944 ersetzten sie die zerstörten Hydranten.

Spoilsports talk of trip hazards, but Freiburg's little streams, the "Bächle", have a long tradition. They have flowed through the lanes of the old city since the Middle Ages and they replaced the hydrants, destroyed by the air raid of 1944.

Les rabat-joie parlent de pièges à piétons. Mais les « Bächle », les rigoles de Fribourg ont une longue tradition : Elles sillonnent les ruelles du vieux centre et remplacèrent les bouches d'incendie après les bombardements de 1944.

Fast 300 Jahre lang residierte hier Freiburgs Universität. Sein prachtvolles Äußeres erhielt das Kollegiengebäude am ehemaligen Franziskanerplatz erst 1901 beim Umbau zum »Neuen Rathaus«, nachdem das benachbarte »Alte Rathaus« zu eng geworden war.

This was the home of Freiburg University for almost 300 years. The College Building on the former Franziskanerplatz was only given its fine exterior in 1901 when it was converted into the New City Hall, after the neighbouring Old City Hall had become too small.

L'université est installée ici depuis près de 300 ans. Le bâtiment du collège sur l'ancienne Place des Franciscains ne fut paré de sa nouvelle façade qu'en 1901, après sa transformation en tant que « nouvel hôtel de ville », « l'ancien hôtel de ville » étant devenu trop exigu.

Vom Westturm des Freiburger Münsters blickt man nur auf dessen »Hahnentürme« herab. Vom gegenüberliegenden Turm auf dem Schlossberg dagegen hat man freie Sicht auf den »schönsten Turm der Christenheit«, wie der Münsterturm oft genannt wird.

From the West Tower of Freiburg Minster, you can look down on the two “Cockerel Towers”. However, from the tower on top of the Schlossberg, further on, you have an unobstructed view of the “most beautiful tower in Christendom”, as the minster tower is often referred to.

La flèche ouest de la cathédrale de Fribourg offre une vue sur les « clochers aux coqs ». De la tour située en face sur le Schlossberg, on a vue sur le « plus beau clocher de la chrétienté » ; c’est ainsi que la flèche de la cathédrale est souvent nommée.

Zu Füßen des mittelalterlichen Schwabentors verteidigten Freiburger Revolutionäre am Ostermontag 1848 ihre letzte Barrikade. Ein Zinnfigurenkabinett im Turm erinnert an die badischen Freiheitsbewegungen.

Freiburg's revolutionaries defended their last barricade at the foot of the medieval Schwabentor on Easter Monday 1848. A toy soldier museum inside the tower serves as a reminder of the Baden freedom movements.

C'est au pied de la Porte moyenâgeuse des Souabes que, le lundi de Pâques 1848, les révolutionnaires fribourgeois défendirent leur dernière barricade. Dans la tour, un cabinet de figurines en plomb rappellent les mouvements de libération du Bade.

Wallfahrtskirche in Sankt Märgen: Hier wird ein Gnadenbild verehrt, das die Augustiner-Chorherren zur Gründung des Klosters Anfang des 12. Jahrhunderts aus Lothringen mitbrachten.

The pilgrimage church in Sankt Märgen: A miraculous image of the Virgin Mary is worshipped here, which the Augustinian canons brought from Lorraine when the monastery was founded at the beginning of the 12th century.

L'église du pèlerinage de Saint Märgen: On y vénère une image de la Grâce que les chanoines augustiniens amenèrent de Lorraine lors de la fondation du cloître au début du 12ème siècle.

Als Hauskloster und Grablege stifteten die Zähringerherzöge 1093 Sankt Peter hoch über dem Glottertal. Der barocke Neubau entstand im 18. Jahrhundert unter Leitung des Vorarlberger Baumeisters Peter Thumb. Nach dessen Plänen wurden auch die berühmte Bibliothek und die Pfarrkirche gestaltet.

The Dukes of Zähringen founded St. Peter's, high above the Glotter Valley, as their private monastery and mausoleum in 1093. The new Baroque building was erected in the 18th century under the direction of the Lower Austrian architect Peter Thumb. The well-known library and the parish church were also built according to his plans.

Les Ducs de Zähringen firent don du monastère de Saint Peter en 1093 ; situé sur les hauteurs qui dominent la vallée de la Glotter, il fut leur cloître attitré et leur lieu de sépulture. Les nouveaux bâtiments de style baroque furent érigés au 18ème siècle sous la direction de l'architecte Peter Thumb venu du Vorarlberg. Il dessina également les plans de la bibliothèque renommée et de l'église paroissiale.

Folgende Doppelseite: Sonnenuntergang am Westrand des Schwarzwalds: Eine winterliche Inversionswetterlage lässt den grauen Alltag unter dem Wolkenmeer vergessen.

Following double page: Sunset on the western edge of the Black Forest. A wintry atmospheric inversion hides grey everyday life under the sea of clouds.

Double page suivante : Crépuscule sur le bord occidental de la Forêt Noire. Un phénomène météorologique hivernal d'inversion noie la grisaille quotidienne sous une mer de nuages.

Eine der interessantesten Bahnstrecken Deutschlands führt von Freiburg nach Donaueschingen. Die 1887 eröffnete Höllentalbahn mit dem kühnen Ravennaviadukt war das letzte Werk des badischen Eisenbahnpioniers Robert Gerwig.

One of Germany's most interesting railway lines runs from Freiburg to Donaueschingen. The Höllental Railway, opened in 1887, includes the daring Ravenna Viaduct and was the last work of the Baden railway pioneer Robert Gerwig.

Une des lignes ferroviaires les plus intéressantes d'Allemagne relie Fribourg à Donaueschingen. La ligne de la Höllental, inaugurée en 1887, et son audacieux viaduc de Ravenna furent le dernier projet du pionnier badois des chemins de fer, Robert Gerwig.

Das »Kuckucksnest« auf dem Hofgut Sternen in Breitnau bietet Touristen alle nur denkbaren Souvenirs.

The "Cuckoo's Nest" at the Hofgut Sternen in Breitnau offers every conceivable souvenir to tourists.

Le « Nid de Coucou » au Hofgut Sternen à Breitnau présente toutes sortes de souvenirs aux touristes.

Bis zu 600 Meter hoch ragen die Felswände über dem Höllental auf. Am »Hirschsprung« war die Klamm einst nur wenige Meter breit – ein fliehender Hirsch soll sie mit einem einzigen Satz überwunden haben.

Rock walls rise up to 600 metres above the Höllental (Hell Valley). The gorge was once only a few metres wide at the "Hirschsprung", and legend has it that an escaping deer jumped over it in a single bound.

La hauteur des parois de la gorge « Höllental » atteint 600 mètres. Au « Saut du cerf » la largeur de la gorge n'était que de quelques mètres. Un cerf aux abois l'aurait franchie en un seul bond.

In einer Mulde des Feldberggletschers ruht der vereiste Titisee. Der Blick reicht über den Südschwarzwald bis zu den 3000er-Gipfeln der Glarner Alpen.

The ice-covered Titisee is located in a syncline of the Feldberg Glacier. The view passes over the southern Black Forest as far as the 3000 metre-high peaks of the Glarus' Alps.

Le lac Titisee gelé repose dans une cuvette creusée par le glacier du Feldberg. Le regard s'étend vers le sud de la Forêt Noire jusqu'aux géants de 3000 mètres des Alpes de Glarus.

Ausflugsschiffe und -boote auf dem Titisee. Ein Gasthaus sei in dieser »öden, menschenleeren Gegend« weder nötig noch lebensfähig und im Übrigen unerwünscht. So beschied Titisees Gemeinderat den Antragsteller, der 1866 ein Hotel am Titisee eröffnen wollte. Wie sich die Zeiten doch ändern.

Excursion boats on the Titisee. “A hotel would be neither necessary nor viable in this dull, empty area and is not wanted.” That was how Titisee’s local council responded to an applicant in 1866, who wanted to build a hotel on the lake. How times change!

Bâteaux de plaisance sur le Titisee. « Dans cette région déserte et non habitée un hôtel n’est pas nécessaire et ne saurait survivre. D’autre part il est indésirable. » C’est en ces termes que le conseil municipal de la commune de Titisee réagit, en 1866, à une demande d’ouverture d’un hôtel sur les bords du lac. Comme les temps changent !

Dieser Wegweiser in Lenzkirch wirft Fragen auf: Was mag den Wanderer in Neustadt und Bonndorf wohl erwarten?

This signpost in Lenzkirch makes one ask, “Just what can I expect to find in Neustadt and Bonndorf?”

Ce panneau indicateur à Lenzkirch nous interpelle : Que peut attendre le touriste d’un passage à Neustadt et à Bonndorf ?

»Sauschwänzlebahn« heißt die Museumsbahn an der Wutach, die sich hier bei Fützen in einem kreisrunden Tunnel in die Höhe schraubt. Preußische Militärstrategen setzten 1890 den Bau der Strecke durch, um damit Schweizer Hoheitsgebiet zu umgehen.

The historic railway along the River Wutach is known as the "Pigtail Railway" and can be seen here near Fützen, climbing upwards through a circular tunnel. Prussian military strategists pushed through the construction of the line in 1890 in order to avoid Swiss territory.

« Ligne de la queue de cochon » ainsi se nomme la ligne de chemin de fer historique qui longe la Wutach et qui, près de Fützen, traverse un tunnel circulaire en colimaçon. Des stratèges militaires prussiens ont imposé la construction de cette voie en 1890 afin d'éviter une traversée du territoire suisse.

Als sanfte »Gutach« fließt sie aus dem Titisee, als »Wutach« schäumt sie durch spektakuläre Schluchten und in den »Wutachflühen« gräbt sie sich über 80 Meter tief in den Muschelkalk ein. Hier beginnt der beliebte »Schluchtensteig« quer durch den südlichen Schwarzwald.

It leaves the Titisee as the gentle River Gutach, then foams up through spectacular gorges as the Wutach and, in the "Wutachflühen", it has cut its way 80 metres into the muschel-kalk rock. It is here that the popular "Schluchtensteig" trail through the southern Black Forest begins.

Elle s'écoule du Titisee comme la calme « Gutach » ; en tant que « Wutach » coléreuse, elle bouillonne à travers des gorges spectaculaires et elle s'enfonce à une profondeur de 80 m dans le calcaire coquiller des « Wutach-flühen ». C'est là que commence le chemin de grande randonnée renommé du « Schluchtensteig » qui traverse le sud de la Forêt Noire.

Im »Wilden Mann« tagt die Zunft der »Junggesellen 1468 Waldshut«. Mit einem gemästeten Schafbock täuschte sie einst die Schweizer, die das belagerte Waldshut aushungern wollten, und feiert den Erfolg noch heute mit dem »Chilbi«-Fest im August.

The guild of the "Junggesellen 1468 Waldshut" meet in the "Wilder Mann". Long ago, they tricked the Swiss, who were trying to starve out the town of Waldshut, by showing them a well-fed ram. Even today, they celebrate their success with the "Chilbi" festival each August.

La guilde des célibataires de la « Junggesellen 1468 Waldshut » se réunit à « l'homme sauvage ». C'est à l'aide d'un bouc engraissé qu'ils trompèrent jadis les Suisses qui assiégeaient Waldshut et voulaient l'affamer. Ils fêtent ce succès aujourd'hui encore lors de la « Fête du Chilbi » au mois d'août.

Am Oberen Tor wacht das »Waldshuter Männle«. Der Hotzenwälder mit dem großen Hut ziert schon das älteste Stadtsiegel aus dem 13. Jahrhundert. Der Legende nach gab er der Stadt ihren Namen.

The "Waldshut Man" watches from the Obere Tor. The man from the Hotzenwald, with his big hat, decorated even the earliest town seal in the 13th century. According to legend, it was he who gave the town its name.

Le « Bonhomme de Waldshut » monte la garde à la Porte Haute. Cet Hotzenwaldois et son large chapeau ornait déjà le plus ancien cachet de la ville au 13ème siècle. Selon la légende il aurait donné son nom à la ville.

Wo sich Laufenburgs malerische Altstadt heute im ruhigen Wasser an der Laufenbrücke spiegelt, zwängte sich der Rhein mit schäumenden Stromschnellen durch eine enge Schlucht. Für den Bau eines Kraftwerks wurden die Felsen 1908 gesprengt.

Where Laufenberg's picturesque old town is now mirrored in the quiet waters by the Laufenbrücke was where the Rhine squeezed through a narrow gorge in a series of foaming rapids. The rocks were blown up in 1908 to build a power station.

A cet endroit où, aujourd'hui, les vieux quartiers pittoresques de Laufenbourg se reflètent dans l'eau calme au pont Laufenbrücke, le Rhin et ses rapides tumultueux franchissaient d'étroites gorges. Les rochers ont été dynamités en 1908 pour permettre la construction d'une centrale électrique.

Auf Schloss Schönau in Bad Säckingen spielt Joseph Victor von Scheffels Versepos »Der Trompeter von Säckingen«. Die Liebe des adligen Schlossfräuleins zu einem Bürgerlichen war 1851 Tagesgespräch in den Wirtshäusern, die der Dichter gern besuchte.

Joseph Victor von Scheffel's epic poem "Der Trompeter von Säckingen" is set in Schloss Schönau in Bad Säckingen. In 1851, the love affair between the noble lady of the castle and a commoner was the gossip in the local inns, which the poet liked to visit.

Le poème épique de Joseph Victor von Scheffel « le Trompette de Säckingen » se déroule au château de Schönau à Bad Säckingen. En 1851, l'histoire d'amour entre la jeune châtelaine noble et un bourgeois alimenta les discussions dans les auberges où l'écrivain aimait se trouver.

Victor von Scheffels dichtend-philosophierender »Kater Hiddigeigei« ist in Bad Säckingens Stadtbild allgegenwärtig. Ein Hiddigeigei-Sprüchlein ziert auch die üppig bemalte Fassade der alten »Fuchshöhle«.

Victor von Scheffel's poetic and philosophical "Tomcat Hiddigeigei" is present all over Bad Säckingen. A Hiddigeigei quote can be seen on the richly decorated facade of the old "Fuchshöhle".

Le « Matou Hiddigeigei », poète et philosophe, de Victor von Scheffel, se rencontre partout dans les rues de Bad Säckingen. Un adage de Hiddigeigei orne la riche façade peinte du vieux restaurant « Fuchshöhle ».

Fridolin, der »Apostel der Alemannen«, gründete im 7. Jahrhundert das Kloster, das zur Keimzelle der Stadt Bad Säckingen wurde. Wo wahrscheinlich schon die Römer eine Rheinbrücke besaßen, wurde 1699 die »längste gedeckte Holzbrücke Europas« gebaut.

Fridolin, the "Apostle of the Alemanni", founded the monastery which was to become the core of the town of Bad Säckingen in the 7th century. The "longest covered wooden bridge in Europe" was built in 1699 at the point where the Romans probably had a bridge over the Rhine.

Fridolin, »l'apôtre des Alamans«, fonda le cloître au 7ème siècle. Il fut la cellule d'origine de la ville de Bad Säckingen. Le « plus long pont couvert en bois d'Europe » fut bâti en 1699 à un endroit où les romains avaient déjà jeté un pont sur le Rhin.

Ob Hornschlitten oder Schlittenhunde wie hier bei Menzenschwand: Am Südhang des Feldbergs fährt man auf allem, was Kufen hat.

Whether on a toboggan or a sled with huskies, as can be seen here near Menzenschwand, on the southern slopes of the Feldberg, you travel on whatever has runners.

Que ce soit sur des traîneaux à cornes ou derrière des chiens, tout ce qui porte des patins glisse sur le versant sud du Feldberg, comme ici à Menzenschwand.

Eine Karstlandschaft mit Dolinen, Tropfsteinhöhlen und Grotten ist der Dinkelberg am Unterlauf von Wiese und Wehra. Die Erdmannshöhle bei Hasel verdankt ihren Namen den Erdmännlein und -weiblein, die der Sage nach einst darin lebten.

The Dinkelberg, in the lower reaches of the Wiese and Wehra, is a karst landscape with sink holes, stalactite caves and grottoes. The Erdmannshöhle near Hasel gets its name from the earth dwellers who, legend has it, used to live there.

Le Dinkelberg dans les vallées inférieures de la Wiese et de la Wehra est un paysage karstique riche en dolines, cavernes à concrétions calcaires et grottes. La caverne de Erdmannshöhle près de Hasel doit son nom aux gnomes, hommes et femmes, qui y habitaient autrefois.

Der Klausenhof in Herrischried stammt aus dem 15. Jahrhundert. Engagierte Bürger haben ihn vor dem Verfall gerettet. Heute dient er nicht nur als Freilichtmuseum, sondern auch als Kulisse für eine renommierte Freilichtbühne.

The Klausenhof in Herrischried dates back to the 15th century. Committed citizens protected it against neglect. Today, the area is not only an open-air museum, but also the backdrop for a renowned open-air theatre.

La ferme du Klausenhof à Herrischried date du 15ème siècle. Des contemporains obstinés l'ont sauvé de la ruine. Aujourd'hui il n'est pas seulement un écomusée mais sert de coulisse à un théâtre de plein air renommé.

Als Wahrzeichen des Hotzenwalds gilt der 1974 gebaute Gugelturm bei Herrischried. Die drei wuchtigen Douglasienstämme der preisgekrönten Holzkonstruktion waren zwar schon nach 20 Jahren morsch und mussten ersetzt werden, der Schönheit des Panoramablicks tut das aber keinen Abbruch.

The Gugelturm near Herrischried, built in 1974, is the symbol of the Hotzenwald. The three mighty Douglas fir trunks of the award-winning wooden construction became brittle after just 20 years and had to be replaced. However, there has been no change in the beauty of the panoramic view.

Le Gugelturm, construit en 1974 près de Herrischried, est considéré comme le symbole du Hotzenwald. Les trois troncs imposants de douglas qui portent la construction en bois ont été couronnés de prix mais, vermoulus au bout de vingt années, ils ont dû être remplacés. Ceci n'est aucunement préjudiciable à la beauté du panorama.

Alternativen: Aus dem Hornbergbecken bei Herrischried fällt das Wasser durch Druckstollen über 630 Meter tief in die unterirdische Turbinenhalle des Kraftwerks Wehr. Jenseits des Rheins dampft der Kühlturm des Schweizer Atomkraftwerks Leibstadt.

Alternatives: From the Hornbergbecken, near Herrischried, the water falls 630 metres through a pressure tunnel into the underground turbine hall of the power station at Wehr. On the other side of the Rhine is the cooling tower of the Leibstadt nuclear power station in Switzerland.

Alternatives : Quittant le réservoir de Hornberg près de Herrischried, l'eau se précipite dans des galeries pour se jeter dans la salle des turbines de la centrale électrique, 630 mètres plus bas. Au-delà du Rhin, la vapeur d'eau s'échappe des tours de refroidissement de la centrale nucléaire suisse de Leibstadt.

Eingerichtet wie anno dazumal: die Schlafstube im Freilichtmuseum Klausenhof in Herrischried.

Just like centuries ago: the bedroom in the Klausenhof open-air museum in Herrischried.

Meublée comme au bon vieux temps : une chambre à coucher de l'écomusée du Klausenhof à Herrischried.

Der Hotzenwald zwischen Wehra und Murg: Bis aus Tirol und Vorarlberg holte man im Mittelalter Holzhauer und Köhler, um den Holzbedarf der Eisenwerke am Hochrhein zu stillen. Auf den gerodeten Flächen bauten sie später ihre Häuser, in denen die Not ein steter Gast blieb.

The Hotzenwald between the Wehra and Murg rivers. In the Middle Ages, woodcutters were brought from Tyrol and Lower Austria, in order to meet the demand for wood from the ironworks on the Upper Rhine. They later built their houses on the cleared areas, although life was far from easy.

La forêt du Hotzenwald entre la Wehra et la Murg : Au Moyen Âge il fallait faire venir les bûcherons et charbonniers du Tyrol ou du Vorarlberg afin de satisfaire le besoin en bois des fonderies du Rhin supérieur. Ils construisaient ensuite leurs maisons sur les terres défrichées mais la misère était leur constante compagne.

Seit Jahrhunderten pilgern die Menschen zur Wallfahrtskirche auf dem Schönbühl, denn »Maria von Todtmoos lässt niemanden hilflos«. Auch über viele Bauernhöfe wacht die Muttergottes (links), die Patronin der Erzdiözese Freiburg.

For centuries, people have travelled to the pilgrimage church on the Schönbühl, as "Maria of Todtmoos will never leave people helpless". The Virgin Mary, the patron saint of the Archdiocese of Freiburg, also watches over many farmsteads (left).

Depuis des siècles, les croyants font le pèlerinage de l'église du Schönbühl, car « Marie de Todtmoos, nos prières exauce ». La Mère de Dieu (à gauche), patronne de l'archevêché de Fribourg, est également la protectrice de nombreuses fermes.

Avantgarde im Urwald:
Als Vorreiter des Frühklassizismus war Pierre Michel d'Ixnard einer der »angesagtesten« Architekten in Süddeutschland, als ihn St. Blasiens Fürstabt 1768 ins abgelegene Albtal berief. Er entwarf die Klosterkirche mit der berühmten Kuppel.

Avant garde in the ancient forest:
as a pioneer of early Classicism, Pierre Michel d'Ixnard was one of the most fashionable architects in Southern Germany, when the Prince Abbot of St. Blasien called him into the remote valley in 1768.
He designed the abbey church with its famous dome.

Avant-garde dans la forêt vierge :
Précurseur du classicisme primitif, Pierre Michel d'Ixnard était un des architectes les plus en vogue dans le sud de l'Allemagne lorsque le Prince-Abbé de Saint Blasien le fit venir en 1768 dans cette vallée retirée de la Alb.
Il traça les plans de la chapelle du cloître et de sa célèbre coupole.

Zu einem eisigen Kunstwerk erstarrt ist der Wasserfall bei Menzenschwand.

The waterfall has frozen to form an icy work of art.

La cascade près de Menzenschwand s'est immobilisée en un chef d'œuvre de glace.

»Hinterwälder« heißt die uralte Rinderrasse aus dem Schwarzwald. Als Landschaftspfleger grasen sie heute die Wiesen ab, die sonst von Gestrüpp und Wald überwuchert würden.

"Hinterwälder" is the name of the ancient breed of cattle from the Black Forest. Today, they graze on the meadows as a kind of gardener. These areas would otherwise be taken over by scrub and forest.

»Hinterwälder« est le nom d'une race très ancienne de bœufs de Forêt Noire. Ils entretiennent aujourd'hui le paysage en broutant l'herbe des prairies qui seraient, sinon, envahies par les broussailles et la forêt.

Die Agrarbürokratie des 19. Jahrhunderts wollte den »Schwarzwälder Fuchs« abschaffen: Er tauge nicht für den Einsatz schwerer Maschinen, hieß es. Heute ist das altbewährte Arbeitstier der Bergbauern ein beliebtes Reitpferd.

The agricultural bureaucrats of the 19th century wanted to forget about the "Black Forest Chestnut": it was apparently not suitable for pulling heavy machinery. Today, the tried-and-trusted workhorse of the mountain farmers is popular with riders.

La bureaucratie du 19ème siècle voulait faire disparaître l'alezan appelé « la Forêt Noire » : Il ne convenait pas au travail avec les lourdes machines, disait-on. Ce cheval de trait qui fit ses preuves auprès des paysans montagnards est aujourd'hui un cheval de selle apprécié.

Holzmachen ist Alltag im Schwarzwald – seit über 1000 Jahren. Bis heute ist die Arbeit im Wald oft Handarbeit, anstrengend und gefährlich.

Cutting wood is an everyday job in the Black Forest, and has been for over 1,000 years. Even today, work in the forest is still carried out by hand and remains tough and dangerous.

Depuis plus de 1000 ans, faire du bois est la tâche quotidienne en Forêt Noire. Jusque de nos jours, le travail dans la forêt est souvent un travail manuel, astreignant et dangereux.

Der Schluchsee ist ein Paradies für Wasserratten und zugleich Teil eines riesigen Pumpspeicherkraftwerks: Aus 930 Metern Höhe strömt sein Wasser durch kilometerlange Druckstollen in die Turbinen von Häusern, Witznau und Waldshut.

The Schluchsee is a paradise for water lovers and is also a part of a pumped storage power station: from a height of 930 metres, its water flows through kilometres of pressure tunnels to the turbines in Häusern, Witznau and Waldshut.

Le Schluchsee est un paradis pour les amateurs de sports aquatiques et, dans le même temps, partie d'une énorme central de pompage-turbinage : Ses eaux chutent d'une hauteur de plus de 930 mètres dans des kilomètres de galeries jusqu'aux turbines des centrales de Häusern, Witznau et Waldshut.

Vor 100 Jahren war das See-Hotel noch ein Jagdschlösschen und der größte See des Schwarzwalds nur halb so groß wie heute: Erst 1932 wurde die gewaltige Staumauer des Schluchsees gebaut und der Wasserspiegel stieg um 30 Meter.

100 years ago, the See-Hotel was still a hunting lodge and the largest lake in the Black Forest was only half its current size. The massive Schluchsee Dam was only built in 1932, after which the water level rose by 30 metres.

Il y a 100 ans, l'hôtel See était un petit pavillon de chasse et le lac le plus étendu de Forêt Noire n'avait que la moitié de sa surface actuelle. Lorsque l'énorme barrage du Schluchsee fut construit, en 1932, le niveau de l'eau monta de 30 mètres.

Abendstimmung am Schluchsee.

Evening by the Schluchsee.

Crépuscule au Schluchsee.

Winterzauber (fast) ohne Ende: Fünf Monate im Jahr liegt auf dem Feldberg eine geschlossene Schneedecke, sagen die Wetterfrösche. Sie residieren im historischen Friedrich-Luise-Turm oben auf dem Gipfel.

(Almost) never-ending winter magic: according to the meteorologists, the Feldberg is covered by a thick blanket of snow for five months of the year. These experts reside in the historic Friedrich-Luise-Turm on the summit.

Féérie hivernale (presque) sans fin : Les grenouilles de la météo disent qu'une épaisse couche de neige recouvre le Feldberg cinq mois par an. Elles résident dans la tour historique de Friedrich-Luise au sommet du mont.

Der ehemalige Sendeturm auf dem 1448 Meter hohen Seebuck, dem Nebengipfel des Feldbergs, bietet ein Trauzimmer mit Aussicht. Nordöstlich des Seebucks fällt die steile Karwand spektakulär zum Feldsee ab.

The former transmission tower on the 1448 metre-high Seebuck, close to the Feldberg, offers a wedding venue with view. To the north-east of the Seebuck, the steep cirque wall falls spectacularly to the Feldsee.

L'ancienne tour d'émetteurs du Seebuck, la cime secondaire du Feldberg d'une hauteur de 1448 mètres, propose une salle de mariage et son panorama. Au nord-est du Seebuck, la paroi abrupte du cirque glaciaire descend de façon spectaculaire jusqu'au Feldsee.

Trendsport: Für das Alpenpanorama hat der »Snowkiter« keinen Blick. Der Flug mit dem Drachen erfordert volle Konzentration.

Modern sport: "Snow kiters" don't have time to enjoy the Alpine panorama. They need all their concentration for controlling their kite.

Sport en vogue : L'amateur de planche à neige aérotractée n'a pas un regard pour la coulisse alpine. Suspendu à son cerf-volant, il doit être parfaitement concentré.

Hochprozentiger Schwarzwälder Lebensart hat sich das Schnapsmuseum in Feldberg-Bärental verschrieben.

High-percentage Black Forest life is offered in the Schnaps Museum in Feldberg-Bärental.

Le musée du schnaps de Feldberg-Bärental s'est voué aux forts alcools distillés par les habitants de la Forêt Noire.

Selbst auf dem Denkmal für die badische Revolution sieht man preußische Soldaten in Schopfheim am liebsten von hinten: Der Bildhauer Peter Lenk gab ihnen nämlich das Gesicht von Alt-Ministerpräsident Erwin Teufel und sorgte damit für einen Skandal.

Even on the monument to the Baden revolution in Schopfheim, people prefer to see the back of the Prussian soldiers! The sculptor Peter Lenk gave them the face of the former Prime Minister Erwin Teufel, thus causing a scandal.

Même sur le monument de la révolution badoise à Schopfheim il est préférable de voir de dos les soldats prussiens. Le sculpteur Peter Lenk leur a donné le visage de l'ancien Ministre-Président Erwin Teufel et provoqua ainsi un scandale.

Das Wiesentäler Textilmuseum in Zell bewahrt auch einen der historischen Jacquard-Webstühle, die einst die Textilindustrie revolutionierten.

The Wiesental Textiles Museum in Zell possesses a historic Jacquard loom, which revolutionised the textiles industry.

Le musée du textile de Wiesental conserve un de ces anciens métiers à tisser historiques de Jacquard qui, autrefois, révolutionnèrent l'industrie textile.

Ein Gletscher schuf den Steilhang, an dem der Stübenbach in mehreren Stufen in die Tiefe stürzt. Mit 97 Metern ist der Todtnauer Wasserfall einer der höchsten in Deutschland.

A glacier created the steep slope down which the Stübenbach falls in several stages. At 97 metres, the Todtnau Waterfall is one of the highest in Germany.

Le Stubenbach descend les plusieurs étages de la paroi rocheuse rodée par un glacier. La cascade de Todtnau est, avec ses 97 mètres, une de plus hautes chutes d'Allemagne.

Gummistiefel für Schloss Beuggen: Seit dem 13. Jahrhundert steht das einstige Schloss des Deutschen Ordens direkt am Rhein. Beim Kraftwerksbau 2007 hätte es fast nasse Füße bekommen und musste aufwändig gegen das steigende Grundwasser abgedichtet werden.

Wellington time for Schloss Beuggen: the former castle of the Teutonic Order has stood by the Rhine since the 13th century. However, when a power station was built in 2007, it was at serious risk of flooding and needed to be carefully protected against the rising groundwater levels.

Des bottes en caoutchouc pour le château Beuggen : L'ancien château de l'Ordre Teuton se dresse sur la rive du Rhin depuis le 13ème siècle. Lors de la construction de la centrale électrique, l'humidité à gagné ses fondations qui ont dû être protégées de la montée de la nappe phréatique par des mesures coûteuses.

Eine prominente Basler Familie ließ das Wasserschloss Inzlingen im 16. Jahrhundert erbauen. Seit 1977 beherbergt es Inzlingens Rathaus, Konferenzräume und ein Restaurant.

A prominent Basle family had the moated Schloss Inzlingen built in the 16th century. It has housed Inzlingen's town hall, conference rooms and a restaurant since 1977.

Une éminente famille de Bâle fit construire sur l'eau, au 16ème siècle, le château d'Inzlingen. Depuis 1977, il abrite les services de la mairie, des salles de conférence et un restaurant.

Flusskraftwerk und Aluminiumhütte waren in den 1890er-Jahren die Keimzelle des heutigen Rheinfelden. Das historische Kraftwerk wurde nach über 100 Betriebsjahren abgerissen und durch eine leistungsfähigere Anlage ersetzt.

In the 1890s, a hydroelectric power station and aluminium works were the start of today's Rheinfelden. The historic power station was demolished after 100 years of operation and replaced with a more powerful plant.

Dans les années 1890, la centrale hydroélectrique et la fonderie d'aluminium furent à l'origine de l'actuelle Rheinfelden. Après plus de 100 années de service, la centrale historique a été rasée et remplacée par un complexe plus performant.

Ein Bildhauer auf Abwegen: In seiner Heimatstadt Lörrach schuf Konrad Winzer das kulinarische Kunstwerk »Drei König« am Alten Marktplatz. Der Gourmet-Führer »Gault Millau« kürte ihn dafür zum »Restaurateur des Jahres 2011«.

A new kind of sculpture: in his home town of Lörrach, Konrad Winzer created the culinary work of art "Drei König" on the Alter Marktplatz. The Gault Millau restaurant guide crowned him "Restaurateur of the Year 2011".

Les égarements d'un sculpteur : Dans sa ville natale de Lörrach, Konrad Winzer a créé un chef d'œuvre culinaire sur la Vieille Place du Marché : le « Drei König ». Le guide culinaire Gault et Millau le récompensa par le titre de « restaurateur de l'année 2011 ».

VitraHaus: Dem Schweizer Möbelhersteller Vitra verdankt Weil am Rhein auch seinen Beinamen »Stadt der Stühle«.

VitraHaus: the presence of the Swiss furniture maker Vitra is the reason Weil am Rhein can call itself "The Town of Chairs".

VitraHaus : C'est au fabricant de meubles suisse Vitra que Weil am Rhein doit son surnom de « Ville des chaises ».

1000 Tonnen Stahl wurden in der »Dreiländerbrücke« verbaut, die Weil am Rhein seit 2007 mit seiner französischen Partnerstadt Huningue verbindet. Dennoch wirkt die »weltweit längste freitragende Rad- und Fußgängerbrücke« filigran und scheint fast über dem Rhein zu schweben.

1,000 tonnes of steel were used to build the "Three Countries Bridge", which has connected Weil am Rhein with its French twin town of Huningue since 2007. Nonetheless, the "world's longest freestanding cycle and pedestrian bridge" still appears delicate and seems almost to float over the Rhine.

La construction du « Pont des trois pays » a demandé 1000 tonnes d'acier. Il relie, depuis 2007, Weil am Rhein a sa ville jumelle française Huningue. Cette passerelle pour piétons et cyclistes « en portée libre la plus longue du monde » est cependant très filigrane et semble planer sur le Rhin.

Herbststimmung bei Bürgeln. Sie könnte den Dichter Johann Peter Hebel 1834 inspiriert haben: Z'Bürglen uf der Höh, / nei, was cha me seh! / O, wie wechsle Berg und Thal, / Land und Wasser überal, / z'Bürglen uf der Höh!

Autumn feeling near Bürgeln. It is likely that, in 1834, just such a panorama provided inspiration to the Alemannic dialect poet Johann Peter Hebel.

Ambiance automnale près de Bürgeln. Un tel panorama aurait pu, en 1834, inspirer le poète renommé d'expression alémanique Johann Peter Hebel.

Sonnenaufgang auf dem 1165 Meter hohen Blauen. Das Berghaus-Hotel kann mit »Fernsicht über drei Länder« werben.

Sunrise on the 1,165 metre-high Blauen. The mountaintop hotel offers a "panorama of three countries".

Lever de soleil sur le Blauen, d'une hauteur de 1165 mètres. L'hôtel Berghaus peut légitimement se targuer d'offrir un « panorama sur trois pays ».

Beim Umbau einer heruntergekommenen Propstei des Klosters Sankt Blasien schuf Deutschordensbaumeister Franz Anton Bagnato 1762 ein barockes Kleinod am Westhang des Blauen. Schloss Bürgeln mit seinem kostbaren Interieur ist jederzeit einen Ausflug wert.

When he reconstructed a dilapidated priory of the monastery of St. Blasien in 1762, the architect of the Teutonic Order, Franz Anton Bagnato, created a Baroque treasure on the western slopes of the Blauen. With its fine interior, Schloss Bürgeln is always worth a visit.

C'est en modifiant un prieuré délabré du cloître de Saint Blasien que l'architecte de l'Ordre Teuton Franz Bagnato créa en 1762 un bijou baroque sur le versant ouest du Blauen. Le château de Bürgeln et son intérieur précieux méritent toujours une excursion.

Ein »altes Gemür«, von einem Bauarbeiter 1784 zufällig ausgegraben, erwies sich als archäologische Sensation: Badenweilers Römerthermen aus dem 1. bis 2. Jahrhundert gelten als größte und besterhaltene römische Ruine diesseits des Rheins.

"Old walls", excavated by chance by a builder in 1784, turned out to be an archaeological sensation: Badenweiler's Roman baths from the 1st and 2nd centuries are considered to be the largest and best-preserved Roman ruins east of the Rhine.

Un « vieux mur » qu'un ouvrier terrassier sortit de terre par hasard en 1784 se révéla être une sensation archéologique : Les thermes romains de Badenweiler datent du 1er et 2ème siècle et sont les ruines romaines les plus importantes et les mieux conservées sur cette rive du Rhin.

Als »Ort der Kraft« und »Heiliger Berg« der keltischen Druiden ist der Belchen ein Wallfahrtsort für moderne Esoteriker. Fotografen lockt eher der Panoramablick über die Wolkendecke auf die 3000er-Gipfel der Urner Alpen.

The Belchen was considered by the Celtic druids as a place of power and a holy mountain and is still a place of pilgrimage for modern esoterics. Photographers are more interested in the panoramic view over the sea of cloud to the 3,000 metre-high peaks of the Uri Alps.

En tant que « lieu de la force » et « montagne sainte » des druides celtes, le Belchen est un lieu de pèlerinage des adeptes de l'ésotérisme moderne. Les photographes sont plutôt attirés par le panorama des sommets de 3000 mètres des alpes du canton d'Uri qui surgissent de la couche nuageuse.

An Feiertagen zeigen sich die Frauen in ihrer Münstertäler Tracht. Die imposante »Hörnerkappe« mit den ausladenden Schleifen und Seidenfransen trägt frau auch im Markgräfler Land und dem Elsass.

On festival days, women wear their Münstertal costume. The imposing “Horn Cap” with its elaborate bows and silk fringes is also worn in the Markgräfler Land and in Alsace.

Les jours de fête, les femmes sortent le costume traditionnel de Münstertal. La coiffe imposante aux larges boucles et aux franges en soie est également portée dans la région des Margraves et en Alsace.

Fronleichnam in Münstertal: Blumenteppiche säumen den Weg der Prozession am Kloster St. Trudpert. Es wurde vor 1200 Jahren gegründet, der Silberbergbau im »Teufelsgrund« machte es reich, sein barockes Gesicht gab ihm der Vorarlberger Baumeister Peter Thumb. In der ehemaligen Benediktinerabtei leben heute die »Schwestern vom Heiligen Josef«.

Corpus Christi in Münstertal: carpets of flowers line the route of the procession at St. Trudpert's Monastery. The monastery was founded 1200 years ago, silver mining in the "Teufelsgrund" made it wealthy and it was given its Baroque appearance by the Lower Austrian architect Peter Thumb. Today, the Sisters of St. Joseph live in the former Benedictine abbey.

Fête-Dieu à Münstertal : Des tapis de fleurs couvrent le chemin de la procession près du cloître Saint Trudpert. Il a été fondé il y a 1200 ans. Sa richesse provenait des mines d'argent du « Teufelsgrund ». L'architecte du Vorarlberg Peter Thumb lui a donné son allure baroque. Les « Sœurs de Saint Joseph » vivent encore aujourd'hui dans l'ancienne abbaye bénédictine.

Völlig unbeeindruckt zeigt sich der hüllenlose Zecher von der trutzigen Höhenburg, die den Herren von Staufen einst ihre Ansprüche auf Münstertals Silberminen sichern sollte. Gegen das mächtige Freiburg konnten sie sich jedoch nicht behaupten.

The naked reveller seems completely uninterested in the defiant hill castle. The castle was once the home of the Lords of Staufen, who used it to secure their claims on Münstertal's silver mines. However, they were no match for mighty Freiburg.

Le « picoleur tout nu » ne semble pas du tout impressionné par le fier château fort qui devait protéger les droits que des seigneurs de Staufen avaient acquis dans les mines d'argent de Münstertal. Par contre, ils ne purent s'imposer face à la puissante Fribourg.

Es rumort unter der Stadt, wo der Teufel 1539 Doktor Faust das Genick gebrochen haben soll: Nach Erdwärmebohrungen hebt sich der Boden unaufhaltsam. Wie hier an Staufens historischem Rathauscafé durchziehen tiefe Risse die Wände.

There's trouble brewing under the town in which the devil is said to have broken Doctor Faustus' neck in 1539: after geothermal drilling, the ground has not stopped rising. Deep cracks are forming in many of the buildings, as can be seen on Staufen's historic Rathauscafé.

Le sous-sol n'est pas au repos sous la ville où le diable aurait brisé la nuque du Docteur Faust : Des forages géothermiques provoquent un soulèvement inexorable du sol. Des fissures défigurent les façades, comme celle du café historique de la Mairie à Staufen.

33 Schauinslandbahn

Jahrhundertelang graste das Vieh auf den kargen Hochflächen und gab den »Weidbuchen« ihre bizarre Form.

For centuries, animals grazed on the barren uplands and gave the meadow beech its bizarre shape.

Pendant des siècles, le bétail a brouté sur les plateaux arides et a donné leur forme bizarre aux hêtres appelés »Weidbuchen«.

In 20 Minuten schwebt die Seilbahn auf Freiburgs Hausberg, den 1284 Meter hohen Schauinsland. Früher hieß er »Erzkasten«: Acht Jahrhunderte Bergbau hinterließen fast 100 Kilometer Stollen, verteilt auf 22 Etagen. Ein Teil davon ist als Besucherbergwerk zugänglich.

The cable car takes 20 minutes to climb Freiburg's local mountain, the 1,284 metre-high Schauinsland. It used to be called the "ore box": eight centuries of mining work have left almost 100 kilometres of tunnels, spread across 22 levels. Part of this area is open to the public.

En vingt minutes, le téléphérique vous emmène au sommet de la montagne locale de Fribourg, le Schauinsland, qui culmine à 1284 mètres. Autrefois elle était nommée « le coffre de minerai » : Huit siècles de travaux miniers laissèrent près de 100 kilomètres de galeries réparties sur 22 niveaux. Une partie d'entre elles est accessible au musée de la mine.

Folgende Doppelseite:
Schwindelerregend und spektakulär ist der Blick vom Schauinslandturm.

Following double page:
The view from the top of the Schauinsland Tower is both dizzying and spectacular.

Double page suivante :
La vue qui s'offre du belvédère de Schauinsland est vertigineuse et spectaculaire.

Mittlerer Schwarzwald

Central Black Forest · La Forêt Noire du Centre

Die Heimat des Bollenhuts. Alles, was man sich damals unter »Schwarzwald« vorstellte, fand die Gutacher Malerkolonie Ende des 19. Jahrhunderts in Gutach an der Schwarzwaldbahn: ländliche Idylle, schmucke Bauernhöfe, Wiesentäler mit Obstbäumen und rauschenden Bächlein, gesäumt vom dunklen Waldrand, sowie als Krönung: den Bollenhut. Obwohl er ausschließlich in den drei einst württembergischen Dörfern Gutach, Kirnbach und Reichenbach zuhause ist, erhoben ihn Künstler, Politiker und Werbefachleute zum weltbekannten Markenzeichen für den ganzen Schwarzwald, ja sogar für Deutschland.

Heute zieht Gutachs Freilichtmuseum »Vogtsbauernhof« Hunderttausende von Besuchern an. Der Bauernhof unter dem wuchtigen Walmdach ist typisch für den südlichen und mittleren Schwarzwald. Besonders prachtvoll ist er in den Tälern der Kinzig und ihrer Nebenflüsse, wo der Boden fruchtbarer und das Klima milder ist als in den Höhenlagen. Wohlstand brachten Flößerei und Holzhandel sowie die Bodenschätze von Silber über Kobalt bis Fluss- und Schwerspat, die teilweise noch heute hier abgebaut werden. Zudem war das Kinzigtal schon seit der Römerzeit die wichtigste Verkehrsader durch das Gebirge.

Mit Burgen, Schlössern und wehrhaften Städten sicherten sich Baden und Württemberg, Habsburg und Fürstenberg, das Bistum Straßburg und diverse Adelsgeschlechter Anteile an dieser Region. Dazwischen behaupteten sich die Reichsstädte Rottweil, Offenburg, Gengenbach, Zell und das Freie Reichstal Harmersbach. Bis zu Napoleons politischer »Flurbereinigung« Anfang des 19. Jahrhunderts musste ein Kinzigflößer von Alpirsbach bis zum Rhein ein knappes Dutzend Grenzen passieren.

Im Einzugsbereich der Kinzig, die mit ihren Nachbarinnen Rench und Elz das Wasser von Freudenstadt bis zur Europäischen Wasserscheide bei Furtwangen einsammelt, weicht der Schwarzwaldhauptkamm weit nach Osten zurück. Jenseits davon bringen Brigach und Breg »die Donau zuweg«, und aus dem Schwenninger Moos bahnt sich der Neckar seinen gewundenen Weg nach Norden.

The home of the Bollenhut hat. At the 19th century, the Gutach artists' colony saw, in the village of the same name, everything which people considered as being typically "Black Forest". It was a rural idyll, with tidy farmsteads, verdant valleys with fruit orchards and burbling brooks, surrounded by dark forests and, as a sort of crown, the Bollenhut hat. Although the hat only originated in the three former Württemberg villages of Gutach, Kirnbach and Reichenbach, artists, politicians and marketing agents have made it the world-renowned trademark of the whole Black Forest, or even Germany.

Today, Gutach's open-air museum, the "Vogtsbauernhof", draws in hundreds of thousands of visitors. Farmsteads under mighty hipped roofs are typical for the southern and central Black Forest. There are some particularly fine examples in the valleys of the River Kinzig and its tributaries, where the soil is more fertile and the climate milder than in the uplands. Prosperity came from rafting and the wood trade as well as natural treasures ranging from silver to cobalt, fluorspar and barite, which partially are still mined there.

Baden and Württemberg, Habsburg and Fürstenberg, the Diocese of Strasbourg and various noble houses all secured parts of this region, protected by castles, palaces and fortified cities. In between, the Imperial Cities of Rottweil, Offenburg, Gengenbach, Zell and the Imperial Valley of Harmersbach all strove to maintain their independence. Until Napoleon's political reparcelling at the beginning of the 19th century, a raftsman on the River Kinzig had to cross around a dozen borders when travelling from Alpirsbach to the Rhine.

In the tributary basin of the River Kinzig, which, together with its neighbours, the Rench and Elz, collects the water from Freudenstadt to the European Watershed near Furtwangen, the main ridge of the Black Forest moves far eastwards. On the other side of it, the Brigach and Breg become the Danube and, from its source in the Schwenningen Marsh, the River Neckar begins its tortuous course northwards.

La patrie du chapeau à pompons. C'est à Gutach, sur la ligne de chemin de fer de Forêt Noire, qu'à la fin du 19ème siècle le groupe de peintres de Gutach trouva tout ce qu'à l'époque on pouvait s'imaginer sous le terme de « Forêt Noire » : Campagne idyllique, fermes coquettes, murmure de ruisseaux dans des prairies vallonnées plantées d'arbres fruitiers à l'orée de bois sombres et, pour couronner le tout, le chapeau à pompons. Bien qu'il n'est porté que dans les villages autrefois wurtembergeois de Gutach, Kirnbach et Reichenbach, les artistes, la gent politique et les publicitaires en firent la marque mondialement reconnue de toute la Forêt Noire et même de toute l'Allemagne.

Aujourd'hui, l'écomusée de Gutach, la « Vogtsbauernhof » attire des centaines de milliers de visiteurs. La ferme, blottie sous son toit en croupe imposant, est typique de la Forêt Noire du sud et du centre. Ce type de ferme est particulièrement majestueux dans les vallées de la Kinzig et de ses affluents où le sol est plus fertile et le climat plus propice qu'en altitude. Le flottage du bois et son commerce ainsi que les richesses minérales, de l'argent à la fluorine et à la barytine en passant par le cobalt, encore exploités partiellement de nos jours, furent source de prospérité.

Châteaux forts, châteaux et villes fortifiées protégèrent les possessions que le Bade et le Wurtemberg, les Habsburg et Fürstenberg, ainsi que l'évêché de Strasbourg et diverses familles nobles avaient acquises dans cette région. De leur côté, les villes impériales de Rottweil, Offenbourg, Gengenbach, Zell et la vallée libre de Reichstal Harmersbach imposèrent leur domination territoriale. Jusqu'à la réforme politique du territoire par Napoléon, au début du 19ème siècle, un flotteur de bois de la Kinzig devait traverser une douzaine de frontières entre Alpirsbach et le Rhin.

Dans le bassin de la Kinzig qui, avec ses voisines la Rench et la Elz, collecte les eaux de Freudenstadt à la ligne européenne de partage près de Furtwangen, la crête principale de la Forêt Noire s'incurve largement vers l'est. Au-delà, la Brigach et la Breg alimentent le Danube et, prenant sa source dans les marais du Schwenninger Moos, le Neckar lance ses méandres vers le nord.

»Der Safe« des Schwarzwaldbauern: Feuersicher vom Haupthaus getrennt, waren Vorräte und wichtige Urkunden vor 400 Jahren schon im »Gutachtäler Speicher« in Oberharmersbach gut aufgehoben. Heute steht das Gebäude im Gutacher Freilichtmuseum »Vogtsbauernhof«.

The "safe" of the Black Forest peasants. Safely away from the main house in case of fire, supplies and important documents were stored in the "Gutachtäler Speicher" in Oberharmersbach 400 years ago. Today, the building stands in the Vogtsbauernhof open-air museum in Gutach.

Le « coffre-fort » des paysans de Forêt Noire : Séparés du bâtiment principal et protégés des incendies, les provisions et les documents importants étaient bien à l'abri, il y a 400 ans déjà, dans le « grenier de Gutachtal ». Ce bâtiment se dresse aujourd'hui à l'écomusée de Gutach la « Vogtsbauernhof ».

Gutach, Kirnbach und Reichenbach sind die Heimat des Bollenhuts. Die Etikette ist streng: Nur ledige Frauen tragen rote Bollen, Ehefrauen schwarze. Und das »Käpple« unter dem Hut gehört immer dazu.

Gutach, Kirnbach and Reichenbach are the homes of the Bollenhut hat. Etiquette is strict. Only single women may wear red balls, married women must wear black ones. The cap under the hat is also an integral part of the ensemble.

Gutach, Kirnbach et Reichenbach sont la patrie du chapeau à pompons. Les règles de son port sont sévères : Seules les femmes célibataires portent les pompons rouges. Ils sont noirs chez les femmes mariées. La petite coiffe, appelée « Käpple » et portée sous le chapeau, fait toujours partie du costume.

Das Gutacher Freilichtmuseum »Vogtsbauernhof« lässt die Vergangenheit lebendig werden. Der »Kleiekotzer« in der Mühle spuckt nicht nur die Abfälle aus: Er schreckt auch böse Geister ab.

The Vogtsbauernhof open-air museum in Gutach brings the past to life. The "Kleiekotzer" in the mill does not only spit out waste: it is also meant to scare off evil spirits.

L'écomusée de Gutach, la « Vogtsbauernhof », fait revivre le passé. Le « vomisseur de son » du moulin ne recrache pas uniquement les déchets mais chasse aussi les mauvais esprits.

Anfang des 20. Jahrhunderts war Junghans in Schramberg die größte Uhrenfabrik der Welt. Ihr von Philipp Jakob Manz entworfener Terrassenbau ist heute ein Gewerbepark.

At the beginning of the 20th century, Junghans in Schramberg was the largest clock-making factory in the world. Its terrace structure, designed by Philipp Jakob Manz, is now a business park.

Au début du 20ème siècle, Junghans était, à Schramberg, la plus grande fabrique horlogère du monde. Son bâtiment en terrasses conçu par Philipp Jakob Manz est aujourd'hui un parc industriel.

Das weltgrößte WC mit Aussichtsplattform: Der französische Stardesigner Philippe Starck entwarf es für den Hornberger Badausstatter Duravit. Kaolinfunde in der Region gaben im 19. Jahrhundert den Anstoß für Hornbergs Keramiktradition.

The largest toilet with a viewing platform. The French star designer Philippe Starck created it for the Hornberg bathroom furnishings company Duravit. Kaolin finds in the region in the 19th century were the start of Hornberg's tradition of ceramics.

La plus grande cuvette de WC du monde et sa plate-forme panoramique : Le designer français en vogue Philippe Starck l'a créée pour l'équipementier de salles de bains de Hornberg, Duravit. La découverte de gisements de kaolin dans la région, au 19ème siècle, lança l'industrie de la céramique traditionnelle à Hornberg.

Bei einem ausgedehnten Frühschoppen wurde die traditionelle »Da-Bach-na-Fahrt« der Schramberger Fasnet geboren. Die Zuber werden den Teilnehmern per Los zugeteilt und das Reglement ist fast so streng wie bei der Formel 1.

The traditional "Da-Bach-na-Fahrt" ("trip down the stream") of the Schramberg carnival was created during a lengthy midday drink. The participants draw their craft by lot and the rules are almost as strict as Formula 1.

La traditionnelle « descente en baquet » du carnaval de Schramberg vit le jour à la suite d'un apéritif prolongé. Les baquets sont tirés au sort parmi les participants et le règlement est presque aussi sévère qu'en Formule 1.

Ein kühles Fußbad an der Deutschen Fachwerkstraße: Das tut gut, denn ein Rundgang durch Schiltachs malerische Altstadt, seine originellen Museen und die Gerbergasse im »Vorstädtle« dauert meist länger als geplant.

A cool paddle by the German Half-Timbered House Road. That helps, because a stroll through Schiltach's pretty old town, its original museums and the tanners lane in the "Vorstädtle" usually takes longer than planned.

Un bain de pieds rafraîchissant sur la route allemande des colombages : Cela fait du bien car une promenade à travers la vieille ville pittoresque de Schiltach, ses musées originaux et la « ruelle des tanneurs » dans l'avant-quartier de la « Vorstädtle » dure généralement plus longtemps que prévu.

Seit dem 15. Jahrhundert wird an der Kinzig gesägt. Schiltachs historische »Schüttesäge« war bis 1931 in Betrieb. Als Museum führt sie durch die Geschichte von Holzwirtschaft, Flößerei und Gerberei.

People have sawed wood by the River Kinzig since the 15th century. Schiltach's historic "Schüttesäge" was in operation until 1931. As a museum, it takes visitors through the history of woodcutting, rafting and leather tanning.

Le long de la Kinzig, les scies sont à l'ouvrage depuis le 15ème siècle. La scierie historique « Schüttesäge » de Schiltach a été en service jusqu'en 1931. Aujourd'hui musée, elle nous guide à travers l'histoire de l'industrie du bois, du flottage et de la tannerie.

Die ehemalige Ratsapotheke am Marktplatz von Schiltach ist heute ein Museum. Sie stammt aus dem 19. Jahrhundert, besticht mit ihrer Biedermeierausstattung aus Wurzelholz und verrät in ihren Labors Berufsgeheimnisse von anno dazumal.

The former Ratsapotheke on Schiltach's market square is now a museum. It dates back to the 19th century, has fine Biedermeier furnishings made of root wood and presents the laboratory secrets of yesteryear.

L'ancienne pharmacie de la Place du Marché de Schiltach est aujourd'hui un musée. Elle date du 19ème siècle et impressionne par son ameublement de style Biedermeier en bois de racine. Ses laboratoires nous dévoilent les secrets professionnels du bon vieux temps.

Aus dem rotem Sandstein des Schwarzwalds wurde Alpirsbachs romanische Klosterkirche vor fast 900 Jahren gebaut. Neben der Abtei laden auch die Klosterbrauerei und das Museum »Mönche und Scholaren« zum Besuch ein.

Alpirsbach's Romanesque abbey church was built almost 900 years ago from red Black Forest sandstone. Besides the abbey, the brewery and the "Monks and Scholars" museum are well worth a visit.

L'église du cloître roman d'Alpirsbach a été bâtie, il y a près de 900 ans, en grès rouge de Forêt Noire. Outre l'abbaye, la brasserie du cloître et le musée « moines et étudiants » méritent une visite.

Holz im Rücken ist ein beruhigendes Gefühl: Schließlich war der Wald jahrhundertelang Existenzgrundlage und Sparkasse des Schwarzwaldbauern.

Having wood behind you is a relaxing feeling: after all, the forest was both the basis for living and the penny bank of the Black Forest peasants.

Avoir du bois derrière soi est un sentiment sécurisant : La forêt fut en effet pendant des siècles la source de revenus et la caisse d'épargne du paysan de Forêt Noire.

Neugotische Dorfidylle:
Die Pfarrkirche St. Margaretha
in Sulz-Fischingen.

Neo-Gothic village idyll.
The parish church of St. Margaretha in Sulz-Fischingen.

Idylle villageoise de style
néo-gothique : L'église
paroissiale Sainte Margaretha
de Sulz-Fischingen.

Bis zum Übergang an Württemberg 1805 war Horb vorderösterreichisch und somit katholisch. Historische Klostergebäude prägen das Stadtbild, und die barocke Stiftskirche überragt auch den Bergfried der einstigen Burg Hohenberg, den »Schurkenturm«.

Until it passed to Württemberg in 1805, Horb was part of Lower Austria and was thus Catholic. The town is marked by historic monastery buildings, and the Baroque collegiate church even rises above the keep of the former Burg Hohenberg, the Schurkenturm.

Jusqu'à son passage au Wurtemberg en 1805, Horb faisait partie de l'Autriche Antérieure et était ainsi de confession catholique. L'ensemble historique du cloître marque la physionomie de la ville et la collégiale baroque dépasse même le donjon de l'ancien château fort du Hohenberg, appelé la « Tour du Mécréant ».

Sehenswert von innen und außen ist das Renaissanceschloss Glatt. Das Museum zeigt eine Sammlung der Sulzer »Bernsteinschule«, die als Keimzelle der süddeutschen Nachkriegskunst gilt. Zu ihr zählt unter anderem der Künstler HAP Grieshaber.

The Renaissance palace of Glatt is worth seeing, both inside and out. The museum shows a collection of the Sulz "Bernsteinschule", which is considered the nucleus of Southern German post-WW2 art. Amongst others, the artist HAP Grieshaber was a member.

Le château de la renaissance Glatt est digne d'intérêt, à l'intérieur comme à l'extérieur. Le musée expose une collection de « Bernsteinschule » de Sulz qui fut la cellule initiale de l'art d'après-guerre en Allemagne du sud. L'artiste HAP Grieshaber en fit partie, parmi d'autres.

Treffpunkt Apostelbrunnen: Rottweils Fußgängerzone lebt auch nachts, bewacht vom Schwarzen Tor, dem Wahrzeichen der einst Freien Reichsstadt. Als älteste Stadt Baden-Württembergs erhielt »Arae Flaviae« bereits von den Römern das Stadtrecht.

The Apostle Fountain as a meeting point. Rottweil's pedestrian precinct is also busy at night, watched over by the Black Gate, the symbol of the former Free Imperial City. The oldest city in Baden-Württemberg, "Arae Flaviae" received its town charter from the Romans.

Rendez-vous à la Fontaine des Apôtres : La zone piétonne de Rottweil est animée également la nuit, surveillée par la Porte Noire, symbole de l'ancienne Ville Libre de l'Empire. « Arae Flaviae », la plus ancienne ville du Bade-Wurtemberg, reçut déjà à l'époque romaine le droit de cité.

Bis zu 20 Kilogramm wiegt das eiserne »Gschell« der Rottweiler Narren. Beim traditionellen Narrensprung am Fastnachts-Montag und -Dienstag schleppen sie es mehr als drei Stunden mit sich herum.

The iron "Gschell" bells of the Rottweil carnival jesters can weigh up to 20 kilogrammes. During the traditional "Narrensprung" on the Monday and Shrove Tuesday, they have to carry them for more than three hours.

Les grelots en fer, le « Gschell » du costume de carnaval de Rottweil pèsent jusqu'à 20 kilos. Lors du traditionnel « Saut des fous » le lundi de carnaval et le Mardi-Gras, ceux-ci le portent pendant plus de trois heures.

Als Handelszentrum der Zähringerherzöge mit Markt-, Münz- und Zollrecht war Villingen schon im 12. Jahrhundert eine bedeutende Stadt. 1284 wurde das gotische Münster vollendet.

Even in the 12th Century, Villingen, the trading centre of the Dukes of Zähringen, was a major town with market, minting and customs rights. The Gothic minster was completed in 1284.

Villingen fut déjà au 12ème siècle le centre commercial important des Ducs de Zähringen et disposait des droits de marché, de douane et celui de battre la monnaie. La cathédrale gothique a été terminée en 1284.

Die Bronzefiguren am achteckigen Münsterbrunnen erzählen in eigenwilliger Weise die 1000-jährige Geschichte der Stadt. Sie sind Werke des Schonacher Künstlers Klaus Ringwald, der auch die Bronzeportale des Münsters geschaffen hat.

The bronze figures on the octagonal Minster Fountain tell their own version of the town's 1,000-year history. They are the work of the Schonach artist Klaus Ringwald, who also created the bronze doors of the minster.

Les personnages en bronze de la fontaine octogonale de la cathédrale racontent de façon particulière l'histoire millénaire de la ville. Ils sont une œuvre de l'artiste Klaus Ringwald, de Schonach, qui a également créé le portail de bronze de la cathédrale.

Nordsee oder Schwarzes Meer? Im Schwenninger Moos scheidet sich das Wasser: Aus dem südlichen Teil fließt es zur Donau, nach Norden gräbt sich der junge Neckar seinen gewundenen Weg zum Rhein.

The North Sea or the Black Forest? The waters divide in Schwenningen Marsh: those in the southern part flow to the Danube, whilst, to the north, the young River Neckar begins its tortuous path towards the Rhine.

Mer du Nord ou Mer Noire ? C'est dans les marais de Schwenningen que se situe la ligne de séparation des eaux : La partie sud s'écoule vers le Danube, le jeune Neckar part du nord et lance ses méandres vers le Rhin.

Trefflich streiten kann man über den »wahren« Ursprung der Donau: Ist es die gefasste Karstquelle zwischen Donaueschingens Pfarrkirche und dem Fürstenbergischen Schloss? Oder bringen doch Brigach und Breg »die Donau zuweg«?

It is easy to argue about the "true" source of the Danube. Is it the decorative karst spring between Donaueschingen's parish church and the Palace of Fürstenberg, or is it really fed by the Brigach and Breg rivers?

On peut vraiment se disputer au sujet de la « vraie » source du Danube : S'agit-il de la source karstique captée entre l'église paroissiale de Donaueschingen et le château des Fürstenberg ? Ou bien est-ce la réunion de la Brigach et de la Breg qui forme le Danube ?

Ökobauer statt Agrarfabrik: Die Familie auf dem Untermühlbachhof bei St. Georgen wirtschaftet nachhaltig, gentechnikfrei und bio-dynamisch. Sie und ihre Feriengäste haben sichtlich Spaß dabei.

Ecological farmer instead of an agricultural factory. This family, from Untermühlbachhof near St. Georgen, works in a sustainable, GM-free and bio-dynamic way. They and their guests clearly have fun doing it.

Agriculture écologique au lieu de fabrique agraire : Près de Sankt Georgen, une famille exploite la ferme du Untermühlbachhof, dans le respect de la durabilité, sans modification génétique et sur la base de la dynamique biologique. Cela leur procure apparemment un grand plaisir, ainsi qu'à leurs hôtes vacanciers.

Was heute als »eigene Räucherkammer« gepriesen wird, war auf den alten Schwarzwaldhöfen eine Selbstverständlichkeit. Oft hingen Schinken und Wurst hoch über dem Küchenherd, der keinen Kamin besaß – der Rauch entwich durch das Strohdach.

That which these days is prized as a "built-in smokehouse" was run-of-the-mill in old Black Forest farms. Hams and sausages often hung high above the cooking area, which had no chimney—the smoke escaping through the thatched roof.

Le « propre fumoir », argument publicitaire d'aujourd'hui, était l'équipement habituel des vieilles fermes de Forêt Noire. Les jambons et saucissons étaient souvent suspendus au-dessus du fourneau sans cheminée et la fumée s'échappait par le toit de chaumes.

Neun Monate lang reift der »Vorderwälder« Bergkäse im Gewölbekeller des Untermühlbachhofs. Damit er eine schöne Rinde entwickelt, wird er alle zwei Tage mit Salzlake gebürstet.

The "Vorderwälder" cheese matures for nine months in the vaulted cellar of Untermühlbachhof. It is brushed with brine every two days to ensure that it develops a fine rind.

Le fromage de montagne « Vorderwälder » mûrit neuf mois dans la cave voûtée de la ferme du Untermühlbachhof. Sa jolie croûte est obtenue en le frottant tous les deux jours à la saumure.

Uhren satt: Das Deutsche Uhrenmuseum in Furtwangen entstand in mehr als 150 Jahren aus der Mustersammlung der Großherzoglich Badischen Uhrmacherschule. Sie gab auch der Kuckucksuhr ihr typisches Design im Stil eines Bahnwärterhäuschens.

Anyone for clocks? The German Clock Museum in Furtwangen has been developed over a period of more than 150 years from the collection of the Clock-Making School of the Grand Duchy of Baden. It was they who gave the cuckoo clock its typical design in the style of a railwayman's hut.

Des horloges à satiété : Le musée allemand de l'horlogerie à Furtwangen a été constitué pendant plus de 150 ans à partir de la collection de modèles de l'école grand-ducale badoise de l'horlogerie. C'est cette école qui donna au coucou son aspect typique qui rappelle la guérite d'un gardien de passage à niveau.

Der »Balzer Herrgott« stammt wahrscheinlich vom Hofkreuz des Königenhofs bei Furtwangen, der 1844 von einer Lawine verschüttet wurde. Die Christusfigur wurde später an einer Buche befestigt, die sie inzwischen fast verschlungen hat.

The "Balzer Herrgott" probably originates from the cross of the Königenhof near Furtwangen, which was engulfed by an avalanche in 1844. The figure of Christ was later fastened to a beech tree, which has almost swallowed it.

Le « Bon Dieu de Balz » provient probablement du crucifix de la ferme du Königenhof près de Furtwangen qui fut ensevelie en 1844 dans une avalanche. Le buste du Christ fut fixé plus tard à un hêtre qui l'a, entretemps, presque absorbé.

Im Morgenlicht enthüllt sich die raue Schönheit des Hochschwarzwalds. Hier bauten findige Tüftler die ersten Wanduhren aus Holz.

The raw beauty of the Upper Black Forest can be seen in the light of dawn. It was here that inventors built the first wooden wall clocks.

La rude beauté de la Haute Forêt Noire se dévoile dans la lumière de l'aube. C'est ici que des bricoleurs ingénieux assemblèrent les premières horloges murales en bois.

Seit 1480 steht die »Kalte Herberge« bei Vöhrenbach am höchsten Punkt des Handelswegs von Freiburg nach Villingen. Jahrhundertelang war sie Treffpunkt der Glas- und Uhrenhändler, die mit ihrer schweren Last auf dem Rücken in alle Welt zogen.

The "Kalte Herberge" near Vöhrenbach has been located at the highest point of the trading route between Freiburg and Villingen since 1480. For centuries, it was the meeting point of the glass and clock traders, who left in all directions with heavy loads on their backs.

« L'Auberge Froide » se dresse depuis 1480 près de Vöhrenbach au point culminant du chemin des marchands qui menait de Fribourg à Villingen. Pendant des siècles, elle fut le lieu de rendez-vous des marchands de verre et d'horloges qui, sur le dos, transportaient de là par le monde leur lourde charge.

Eine kleine Kapelle wie hier im Linachtal gehörte einst zu jedem Schwarzwaldhof.

A small chapel like the one here in the Linach Valley was once part of every Black Forest farmstead.

Une petite chapelle, comme ici dans la vallée de la Linach, appartenait autrefois à chaque ferme de Forêt Noire.

Im Hochmoor bei Schönwald: Jahrmillionen lang haben Wasser und Frost an den einsamen Granitblöcken gearbeitet und alle Ecken und Kanten abgeschliffen.

In the bog near Schönwald: water and frost have worked on the granite boulders for millions of years, grinding down all the corners and edges.

Dans les tourbières proches de Schönwald : Pendant des millions d'années, l'eau et la glace ont agi sur les blocs de granit isolés et en ont poli toutes les arêtes.

In mehreren Stufen stürzt die Gutach von der Schönauer Hochfläche 163 Meter tief in den Triberger Talkessel. Schon die Dichter der Romantik schwärmten von den Triberger Wasserfällen, die im Winter besonders reizvoll sind.

The River Gutach falls 163 metres in several stages from the Schönauer Plain into the Triberg Valley. Even the Romantic poets enthused about the Triberg waterfalls, which are particularly attractive in the winter.

En plusieurs étages, la Gutach se jette, d'une hauteur de 163 mètres, du Plateau de Schönau dans le bassin de Triberg. Les poètes du romantisme célébrèrent déjà les cascades de Triberg qui sont d'un attrait particulier en hiver.

Die liebevoll gepflegten Wegkreuze im Elztal sind Wegmarken, aber auch Zeugen tiefer Frömmigkeit. Sie sollen die Felder vor Unwettern schützen, erinnern an die Errettung aus Not und Gefahr oder künden mahnend von Unfall und Mord.

The lovingly maintained roadside crosses in the Elz Valley are not only markers but also a testament to deep piety. They were not only intended to protect the fields against storms, but also to remind passers-by of salvation from danger as well as serve as a reminder of accidents and murder.

Les crucifix entretenus avec amour dans la vallée de l'Elz sont des repères sur le chemin mais aussi les témoins d'une profonde piété. Ils doivent protéger les récoltes du mauvais temps, rappellent des délivrances de la misère ou du danger ou sont les sombres souvenirs d'accidents ou de meurtres.

Hightech in der Luft, solide Handarbeit am Boden – hier im Elztal sind Könner am Werk: Das Mähen mit der Sense oder gar das Dengeln wollen ebenso gelernt sein wie der Umgang mit dem Gleitschirm.

Hi-tech in the air, solid manual labour on the ground—specialists at work in the Elz Valley. Reaping with a scythe and whetting your tools are as complex as handling a parachute.

Technologie de pointe dans les airs, travail manuel sérieux au sol – dans la vallée de l'Elz des connaisseurs sont à l'ouvrage : Le fauchage à la faux comme l'affûtage au marteau doivent être appris aussi bien que la maîtrise du parapente.

■

»Made in Waldkirch«: Diese futuristische Drehorgel ist das Werk eines renommierten Waldkircher Orgelbauers. Die gigantische Hochgeschwindigkeits-Achterbahn »Euro-Mir« stammt von einem Waldkircher Familienbetrieb, der einst Spezialfahrzeuge für tonnenschwere Orgeln baute. Heute beliefert er die größten Vergnügungsparks der Welt. Sein »Schaufenster« ist der Europa-Park Rust, der jedes Jahr Millionen Besucher anlockt.

“Made in Waldkirch”. This futuristic barrel organ is the work of a renowned Waldkirch organ-builder. The giant “Euro-Mir” high-speed rollercoaster was created by a Waldkirch family company, who once built special vehicles for organs, which weighed tons. Today, they supply the world’s leading theme parks. Their “showroom” is the Europa-Park Rust, which draws millions of visitors every year.

« Made in Waldkirch » : Cet orgue de Barbarie futuriste est l’œuvre d’un facteur d’orgues renommé de Waldkirch. Les montagnes russes gigantesques à grande vitesse de « l’Euro-Mir » ont été construites par une entreprise familiale de Waldkirch qui fabriquait autrefois des engins spéciaux de transport pour les orgues. Aujourd’hui elle est le fournisseur du plus grand parc de loisirs du monde. Sa devanture n’est pas moins que « l’Europa-Park » de Rust, qui, chaque année attire des millions de visiteurs.

Bis zu ihrer Zerstörung 1689 war die Hochburg bei Emmendingen eine der mächtigsten Festungen in Baden. Seit dem 13. Jahrhundert residierte hier eine Seitenlinie der badischen Markgrafen.

Until its destruction in 1689, the Hochburg, near Emmendingen, was one of the mightiest fortresses in Baden. A branch of the family of the Margraves of Baden lived there from the 13th century onwards.

Jusqu'à sa destruction en 1689 le Hochburg près d'Emmendingen était une des forteresses les plus imposantes du Bade. Une des lignées des Margraves de Bade y réside depuis le 13ème siècle.

Im Ettenheimer »Prinzengarten« verbrachte der Herzog von Enghien intime Stunden mit der Nichte des Straßburger Kardinals Rohan. 1804 ließ Napoleon den jungen Liebhaber entführen und nach einem Schauprozess erschießen.

The Duke of Enghien spent intimate hours at the “Prinzengarten” in Ettenheim with the niece of Cardinal Rohan of Strasbourg. Napoleon had the young lover captured in 1804 and then shot after a show trial.

Dans le « jardin du Prince » à Ettenheim, le Duc d’Enghien passa des moments intimes avec la nièce du Cardinal Rohan. En 1804, Napoléon fit enlever le jeune amant qui fut fusillé après un procès qui fut une farce judiciaire.

Hochbetrieb im Brunnenhaus der Wallfahrtskirche in Ettenheimmünster: Wo der Märtyrer Landelin einst den Tod fand, decken sich Pilger mit wundertätigem Quellwasser ein. Es soll sogar dem »Single Malt« eines badischen Whisky-Brenners das besondere Etwas geben.

Big business in the wellhouse of the pilgrimage church in Ettenheimmünster. At the point where the martyr Landelin met his death, today’s pilgrims fill up with wondrous spring water. It is even said to give the single malt of a Baden whisky distillery that special something.

Heure de pointe à la source de la chapelle des pèlerins d’Ettenheimmünster : Là où le martyr Landelin trouva la mort, les pèlerins font leurs provisions d’eau de source miraculeuse. Elle doit procurer son goût spécial au « single Malt » d’un distilleur de whisky badois.

Das Hotel »Sonne-Post« galt im 19. Jahrhundert als die erste Adresse in Lahr. Hier lernte Eugen Lacroix das Kochen. Der gebürtige Ettenheimer wurde als Erfinder luxuriöser Dosensuppen berühmt.

The Hotel Sonne-Post was one of Lahr's top addresses in the 19th century. Eugen Lacroix learned to cook here. This native of Ettenheim found fame as the inventor of luxury tinned soups.

Au 19ème siècle, l'hôtel « Sonne-Post » était la meilleure adresse de Lahr. C'est là qu'Eugen Lacroix apprit l'art de la cuisine. Né à Ettenheim, il doit sa renommée à l'invention de potages de luxe en boîte.

Im Mittelalter bewachte die Burg Hohengeroldseck die Passstraße vom Kinzigtal nach Lahr, auf der die Herren von Geroldseck die Ausbeute ihrer Silberminen transportierten.

In the Middle Ages, Hohengeroldseck Castle watched over the pass between the Kinzig Valley and Lahr, over which the Lords of Geroldseck transported the treasures of their silver mines.

Au Moyen Âge, le château fort de Hohengeroldseck surveillait le col entre la vallée de la Kinzig et Lahr par lequel les seigneurs de Geroldseck transportaient l'argent extraits de leurs mines.

Rokokofiguren aus dem 18. Jahrhundert schmücken den Park des Offenburger Vinzentiushauses. Das Barockpalais eines österreichischen Feldherrn dient heute als Seniorenheim.

18th century Rococo figures decorate the park of the Vinzentiushaus in Offenburg. The Baroque palace of an Austrian army officer is now an old people's home.

Des figures de style Rococo du 18ème siècle ornent le parc de la Maison Vinzentius à Offenbourg. Le palais baroque d'un stratège autrichien sert aujourd'hui de maison de retraite.

»Freiheit – männlich/weiblich«: So heißt die 20 Meter hohe Skulptur des amerikanischen Künstlers Jonathan Borofsky auf dem Platz der Verfassungsfreunde. Sie erinnert an Offenburgs Rolle in der Revolution von 1847 bis 1849.

"Freedom—male/female". That's the name of the 20 metre-high sculpture by the American artist Jonathan Borofsky on the Platz der Verfassungsfreunde. It serves as a reminder of Offenburg's role in the revolution of 1847 to 1849.

« Liberté – au masculin/au féminin », tel est le nom de la sculpture de 20 mètres de haut créée par l'artiste américain Jonathan Borofsky sur la Place des Amis de la Constitution. Elle rappelle le rôle que joua Offenbourg pendant la révolution de 1847 à 1849.

Das »goldene Weindorf« Durbach ist Deutschlands höchstprämierte Weinbaugemeinde. Von den Rebhängen sieht man bis in die Vogesen, in der Rheinebene ragt das Hochhaus des Burda-Verlags weithin sichtbar über der Medienstadt Offenburg auf.

The “golden wine village” of Durbach is Germany’s most prized wine-growing community. From the vineyards, it is possible to see across to the Vosges Mountains. In the Rhine Plain, the tower of the Burda publishing company rises high above the rest of the media city of Offenburg.

Le « village vigneron en or » de Durbach est la commune viticole la plus médaillée d’Allemagne. Des vignobles, la vue s’étend jusqu’aux Vosges, l’immeuble de l’éditeur Burda se dresse au-dessus de la vallée du Rhin. Il est visible de loin au-dessus d’Offenbourg, la ville des média.

Weinlese in der Ortenau, der Heimat von Klingelberger Riesling und Clevner Traminer.

The wine harvest in the Ortenau, the home of the Klingelberg Riesling and the Clevner Traminer.

Vendange dans l’ortenau, la patrie du Riesling de Klingelberg et du Clevner Traminer.

Bis zu ihrer Sprengung durch französisches Militär 1697 war die Festung Ortenberg das mächtigste Bollwerk am Ausgang des Kinzigtals. Ein reicher Kaufmann aus Riga ließ die Ruine 1839 als neugotisches Märchenschloss wieder errichten.

Until it was blown up by the French army in 1697, the Ortenberg castle was the mightiest citadel at the mouth of the Kinzig Valley. A rich merchant from Riga had the ruins rebuilt in 1839 as a neo-Gothic fairy-tale castle.

Avant son dynamitage par les troupes françaises en 1697, la forteresse de Ortenberg était la fortification la plus puissante à la sortie de la vallée de la Kinzig. Un riche commerçant de Riga fit reconstruire la ruine en 1839 sous forme d'un château de conte néogothique.

Der steinerne Ritter zeugt vom Stolz der ehemals Freien Reichsstadt Gengenbach. Sie entwickelte sich rund um das mächtige Kloster, das Bischof Pirmin im 8. Jahrhundert im Auftrag der Karolinger gegründet hatte.

The stone knight is a symbol of the pride of the former Free Imperial City of Gengenbach. The city developed around the powerful monastery, founded by Bishop Pirmin on the orders of the Carolingian dynasty, in the 8th century.

Le chevalier en pierre est témoin de la fierté de l'ancienne ville libre impériale de Gengenbach. Elle se construisit autour du puissant cloître que l'évèque Pirmin avait fondé au 8ème siècle sur ordre des Carolingiens.

Bei Hausach überragt der runde Bergfried der Burgruine Husen das begradigte Bett der Kinzig. Der Fluss wird aus dem größten Talsystem des Schwarzwalds gespeist und sorgte jahrhundertelang für verheerende Überschwemmungen.

Near Hausach, the round keep of the ruined Burg Husen stands above the straightened River Kinzig. The river is fed by the Black Forest's largest system of valleys and, for centuries, was a continuous source of terrible flooding.

Près de Hausach, le donjon rond de la ruine de Husen se dresse au-dessus du cours rectifié de la Kinzig. La rivière est alimentée par le plus important système hydrologique de la Forêt Noire et eut pendant des siècles des crues dévastatrices.

Gastliche Fachwerkidylle am Lierbach in Oppenau. Die Küche im »Rebstock« vereint Genüsse aus Baden und dem Elsass. Das hat Tradition, denn badisch ist das Renchtal erst seit 1803: Fast 500 Jahre lang regierten hier die Bischöfe von Straßburg.

A pretty half-timbered idyll by the Lierbach in Oppenau. The cuisine in the "Rebstock" unites flavours of Baden and Alsace. There's a reason for this—the Rench Valley has only belonged to Baden since 1803. The area was ruled by the Bishops of Strasbourg for almost 500 years.

Hospitalité aux colombages idylliques au Lierbach dans l'Oppenau. La cuisine du « Rebstock » réunit les délices du Bade et de l'Alsace. Ceci est une tradition car la vallée de la Rench n'est badoise que depuis 1803. Pendant presque 500 ans, ce sont les évêques de Strasbourg qui ont régné ici.

Auf einem Granitvorsprung bei Oberkirch thront die Schauenburg. Eine schuldbeladene »Weiße Dame« soll dort umgehen. Um die fromme Burgherrin Uta von Schauenburg kann es sich wohl nicht handeln: Sie stiftete 1196 das Kloster Allerheiligen.

The Schauenburg stands on a granite outcrop near Oberkirch. A guilt-ridden "white lady" is said to wander there. However, it is certainly not the pious lady Uta von Schauenburg. She founded the All Saints' Monastery in 1196.

Le château fort de Schauenbourg se dresse sur un piton de granit. On dit qu'une « Dame Blanche » y déambule, pleine de culpabilité. Il ne devrait pas s'agir de la châtelaine Uta de Schauenbourg qui, en 1196, fit donation du cloître Allerheiligen.

Wie man sieht, trägt der Storchenturm in Zell am Harmersbach seinen Namen zu Recht. Hinter seinen dicken Mauern führt ein Museum durch die Geschichte der kleinsten Reichsstadt des Heiligen Römischen Reichs.

As we can see, the Stork Tower in Zell am Harmersbach fully deserves its name. Behind its thick walls is a museum telling the story of the smallest Imperial City in the Holy Roman Empire.

Comme on le voit ici, la tour des cigognes de Zell am Harmersbach porte bien son nom. Derrières ses épaisses murailles, un musée mène à travers l'histoire de la plus petite ville impériale du Saint-Empire Romain.

Kurz entschlossen baute der Herbergswirt »Zum Schlüssel« ein luxuriöses Kurhotel, als er 1895 eine Mineralquelle entdeckte. Heute ist Bad Peterstals denkmalgeschütztes »Schlüsselbad« eine moderne Fachklinik in nostalgischem Gewand.

In a spur of the moment decision, the landlord of the Zum Schlüssel guest house expanded his premises into a luxury spa hotel, when he found a mineral spring there in 1895. Bad Peterstal's listed "Schlüsselbad" is today a modern specialist clinic within historic walls.

L'aubergiste du « Zum Schlüssel » décida rapidement de construire un luxueux hôtel de cures lorsqu'il découvrit une source minérale en 1895. Le « Schlüsselbad » de Bad Peterstal est aujourd'hui classé monument historique et cet ensemble nostalgique renferme une clinique spécialisée moderne.

Schon Freiburgs Münsterbauhütte setzte auf den rötlichen Sandstein aus dem Schwarzwald. Lothar Baumann aus Bad Peterstal meißelt daraus originelle Brunnen und Tröge.

The builders of Freiburg's minster also used the red sandstone from the Black Forest. Today, Lothar Baumann from Bad Peterstal sculpts original fountains and troughs from the stone.

Les bâtisseurs de la cathédrale de Fribourg avaient déjà misé sur le grès rougeâtre de la Forêt Noire. Lothar Baumann, de Bad Peterstal, y sculpte des fontaines et des auges originales.

Auf Lichtungen und an Waldwegen leuchtet das Purpurrot des Fingerhuts. Es signalisiert Gefahr: Diese Pflanze ist hochgiftig.

The purple of the foxglove can be seen in forest clearings and beside paths. It signals danger: this plant is highly poisonous.

La pourpre de la digitale resplendit dans les clairières et sur le bord des chemins. Cela signale un danger : Cette plante est extrêmement toxique.

Eine kräftige Brise muss die winzigen Eiszapfen an den Blättern geformt haben.

A strong breeze must have formed the tiny icicles on the leaves.

C'est une forte brise qui a dû donner leur forme au glaçons minuscules accrochés aux feuilles.

Der Schwarzwald ist ein Land der Quellen, Bäche und Wasserfälle.

The Black Forest is an area of springs, streams and waterfalls.

La Forêt Noire est le pays des sources, des ruisseaux et des cascades.

Ein Blickfang in und um Haslach sind die Riesenskulpturen von Frieder Haser wie dieser »Zeitungsleser«. Sein Atelier hat der Künstler in der historischen »Ersten Badischen Zündholzfabrik« im Ortsteil Schnellingen eingerichtet.

Frieder Haser's giant sculptures, like this "newspaper reader" are eye-catchers in and around Haslach. The artist has set up his workshop in the historic First Baden Match Factory in the hamlet of Schnellingen.

Les sculptures géantes de Frieder Haser à Haslach et dans les alentours, comme ce « lecteur de journal », attirent les regards. L'artiste a installé son atelier dans le bâtiment historique de la « première fabrique d'allumettes du Bade » dans le hameau de Schnellingen.

Im denkmalgeschützten Zentrum von Haslach zeugen üppiges Fachwerk und breite Marktstraßen von der Bedeutung der alten Stadt. Im 13. Jahrhundert war sie Sitz des »Bergrichters« und Handelsplatz für die Silberbergwerke im Kinzigtal.

The fine half-timbered buildings and wide market streets in the listed centre of Haslach all point to its former glory. It was the seat of the "Mining Court" in the 13th century and also a trading centre for the products of the silver mines in the Kinzig Valley.

Dans le centre de Haslach, classé aux monuments historiques, les riches colombages et les larges rues ouvertes aux marchés sont témoins de l'importance de la vieille ville. Un « juge minier » y siégeait au 13ème siècle et elle était le centre commercial des mines d'argent de la vallée de la Kinzig.

Heuernte
bei Haslach.

Hay gathering
near Haslach.

Fenaison près
de Haslach.

Das farbenprächtige Fahnenmeer in Wolfachs Hauptstraße entstand aus dem Kunstprojekt einer Schulklasse. Heute möchte die Stadt ihren originellen Sommerschmuck nicht mehr missen.

A veritable sea of flags in Wolfach's main street originated in an art project by a class of children. Today, the town would not be without its original summer decoration.

La mer de drapeaux bariolés dans la rue principale de Wolfach a résulté d'un projet développé par la classe de dessin d'une école. Aujourd'hui, la ville ne pourrait plus se passer de cet ornement estival original.

Die Tradition der Wolfacher Flößer reicht bis ins Mittelalter. Sie versorgten schon Straßburgs Münsterbauhütte mit Holz aus dem Kinzigtal, und im 17. Jahrhundert schwammen Millionen von Schwarzwaldbäumen bis in die Werften der holländischen Flotte.

The tradition of the Wolfach raftsmen goes back to the Middle Ages. They provided the builders of Strasbourg cathedral with wood from the Kinzig Valley and, in the 17th century, millions of tree trunks from the Black Forest floated down the rivers to the shipyards of the Dutch navy.

La tradition des flotteurs de bois de Wolfach remonte au Moyen Âge. Ils fournirent le bois de la vallée de la Kinzig aux charpentiers du chantier de la cathédrale de Strasbourg. Au 17ème siècle, des millions de troncs de Forêt Noire furent acheminés par flottage jusqu'aux chantiers navals de la flotte hollandaise.

Nordschwarzwald

Northern Black Forest · La Forêt Noire du Nord

Das Herz des Schwarzwalds. »Hier standen die Bäume so dicht und so hoch, daß es am hellen Tag beinahe wie Nacht war.« So beschreibt Wilhelm Hauff 1827 in seinem Märchen »Das kalte Herz« den Nordschwarzwald, die bis heute waldreichste Region Baden-Württembergs: 90 Prozent der Gemarkungen von Forbach, Enzklösterle und Bad Wildbad sind bewaldet.

Von der Nagold bis zur 1164 Meter hohen Hornisgrinde erstrecken sich mächtige Buntsandsteinplatten. Ihre Höhen prägen Bergheiden, kahle »Grinden« und die faszinierenden Hochmoore am Kaltenbronn. In unberührten Bannwäldern lebt das Auerhuhn, das außerhalb der Alpen in Mitteleuropa fast ausgestorben ist.

Zwischen Hornisgrinde und Kaltenbronn könnte Baden-Württembergs erster Nationalpark entstehen. Aber das Projekt ist umstritten: Seine Gegner fürchten Nachteile für Forstwirtschaft und Tourismus sowie eine ungebremste Vermehrung von Schädlingen wie dem Borkenkäfer, wenn der Wald sich selbst überlassen bleibt.

Wo der Nordschwarzwald den Atlantikwolken frei ausgesetzt ist, fallen rekordverdächtige Niederschlagsmengen. Aus zahllosen Quellen gespeist, graben sich mächtige Flüsse tief ins Gebirge ein. Schluchten, Wasserfälle und breite Mündungstrichter zur Rheinebene hin prägen den steilen Westhang, die gewundenen Täler von Nagold und Enz mit spektakulären Umlaufbergen den Osten.

Prunkvolle Barockresidenzen in der Ebene und schmucke Fachwerkensembles in den Schwarzwaldtälern zeugen vom Wiederaufbau nach den Schreckensjahren des Pfälzer Erbfolgekriegs 1688 bis 1697, als Schlösser, Burgen, Klöster und Städte von den Truppen des französischen »Sonnenkönigs« systematisch zerstört wurden. Das 19. Jahrhundert brachte den glanzvollen Ausbau der historischen Badeorte und die Erschließung des Höhengebiets für den Fremdenverkehr.

So funkeln heute über dem einst bitterarmen Holzfällerdorf Baiersbronn sieben Gourmetsterne, und über den einst berüchtigten Kniebis-Pass verläuft die Schwarzwaldhochstraße von Baden-Baden nach Freudenstadt als eine der beliebtesten touristischen Routen des Landes.

The heart of the Black Forest. "Here the trees are so dense and high that it seemed like night, even in the middle of the day." This is how, in his 1827 fairy-tale "A Heart of Stone", Wilhelm Hauff described the northern Black Forest, which, even today, is the most forested region in Baden-Württemberg: 90 percent of the municipalities of Forbach, Enzklösterle and Bad Wildbad are made up of forest.

Mighty red sandstone plates stretch from the River Nagold up to the 1164 metre-high Hornisgrinde. Their uplands are marked by heathland, barren moorland and the fascinating upland marshes of the Kaltenbronn. The untouched forests are home to the capercaillie, which is almost extinct in Central Europe outside the Alps.

The point where the northern Black Forest is exposed to clouds from the Atlantic is the point at which record amounts of rainfall occur. Fed by countless springs, mighty rivers cut deep into the stone. Gorges, waterfalls and broad estuaries into the Rhine Plain mark the steep western slopes, whilst the winding valleys of the Nagold and Enz characterise the east with their spectacular meander mountains.

Fine Baroque palaces in the plain and spruce half-timbered ensembles in the Black Forest valleys are a testament to the reconstruction work carried out after the horrors of the Palatinate War of Succession between 1688 and 1697, when palaces, castles, monasteries and cities were systematically destroyed by the troops of the French "Sun King". The 19th century saw the expansion of the historic spa resorts and the development of the uplands for tourism.

Today, no less than seven gourmet stars sparkle in the once poverty-stricken woodcutter's village of Baiersbronn, whilst the once notorious Kniebis Pass carries the Black Forest High Street from Baden-Baden to Freudenstadt—one of the most popular tourist routes in the country.

Le coeur de la Forêt Noire. »Les arbres étaient, ici, si denses et si hauts qu'il faisait presque nuit en plein jour.« C'est par ces mots qu'en 1827 Wilhelm Hauff décrit, dans son conte « le cœur froid », le nord de la Forêt Noire qui est, encore aujourd'hui, la région du Bade-Wurtemberg la plus riche en forêt : 90 pour cent du territoire des communes de Forbach, Enzklösterle et Bad Wildbad sont couverts de forêts.

De formidables plateaux de grès bigarré s'étendent de Nagold à la Hornisgrinde et culminent à une altitude de 1164 mètres. Les parties hautes sont caractérisées par des landes de montagnes, des « Grinden » pelées et les fascinants tourbières de Kaltenbronn. Le coq de bruyère vit dans des forêts naturelles vierges. C'est une espèce animale qui, hors des Alpes, a pratiquement disparu d'Europe Centrale.

Là où le nord de la Forêt Noire est exposé aux nuages qui viennent de l'Atlantique, les quantités de pluies atteignent des valeurs record. Alimentées par de nombreuses sources, de larges rivières rongent profondément la montagne. Des gorges, des cascades et de larges embouchures vers la plaine du Rhin marquent le versant ouest abrupt, pendant que l'est se caractérise par les vallées méandreuses de la Nagold et de l'Enz et leurs boucles spectaculaires.

De magnifiques résidences baroques dans la plaine et de coquets ensembles à colombages dans les vallées de Forêt Noire sont témoins de la reconstruction qui a suivi les années de terreur de la guerre de succession du Palatinat qui sévit de 1688 à 1697 et au cours de laquelle les châteaux, châteaux forts, cloîtres et villes furent détruits systématiquement par les troupes françaises du Roi Soleil. Le 19ème siècle vit l'aménagement splendide de stations balnéaires historiques et l'ouverture au tourisme des régions montagneuses.

Aujourd'hui, sept étoiles de gastronomie brillent au ciel de Baiersbronn, qui n'était autrefois qu'un pauvre village de bûcherons, tandis que la route qui mène de Baden-Baden à Freudenstadt par le tristement célèbre col de Kniebis est devenue la Route des Crêtes de Forêt Noire, un circuit touristique incontournable du Land.

Im 19. Jahrhundert wurde Baden-Baden zur »Sommerhauptstadt Europas« ausgebaut. Friedrich Weinbrenner schuf das klassizistische Kurhaus, und der französische Spielbankpächter Edouard Bénazet ließ darin das weltberühmte Casino einrichten.

Baden-Baden became "Europe's Summer Capital" in the 19th century. Friedrich Weinbrenner designed the classical Kurhaus and the French entrepreneur Edouard Bénazet opened the famous casino within it.

C'est au 19ème siècle que Baden-Baden s'est développée en tant que « capitale estivale de l'Europe ». Friedrich Weinbrenner a créé la Maison de Cures de style classique et le gérant de salles de jeux, Edouard Bénazet, y fit installer le casino de renommée mondiale.

Der neue Magnet an der Lichtentaler Allee: Im Museum Frieder Burda präsentiert der badische Kunstmäzen seine Privatsammlung und Leihgaben von Weltrang. Der amerikanische Architekt Richard Meier entwarf das avantgardistische Gebäude.

The new magnet on Lichtentaler Allee. In the Frieder Burda Museum, the Baden patron of the arts exhibits his private collection and world-class works on loan. The American architect Richard Meier designed the avant-garde building.

Le nouveau pôle d'attraction de la Lichtentaler Allee : Dans le musée Frieder Burda, le mécène badois présente sa collection privée et des œuvres prêtées de renommée mondiale. C'est l'architecte américain Richard Meier qui a conçu ce bâtiment d'avant-garde.

Am Fuß des Florentinerbergs mit dem Renaissancepalast der badischen Markgrafen sprudeln Baden-Badens heiße Quellen. Die Stadt will sich gemeinsam mit anderen historischen Modebädern Europas um die Aufnahme ins UNESCO-Weltkulturerbe bewerben.

Baden-Baden's hot springs burble at the foot of the Florentinerberg, which is crowned by the Renaissance palace of the Margraves of Baden. The city is working together with other historic European spa towns to be put on the list of UNESCO World Heritage Sites.

Les sources thermales de Baden-Baden jaillissent au pied du Florentinerberg dominé par le palais de style renaissance des Margraves de Bade. La ville va, avec d'autres bains européens historiques à la mode, présenter sa candidature pour être admise dans le patrimoine de l'humanité de l'UNESCO.

Vulkaneruptionen schufen die mächtigen Porphyrwände hoch über Baden-Baden. Die Battertfelsen sind gleichermaßen beliebt als Klettergebiet und Wanderziel. Auf dem Hochplateau sind Reste eines keltischen Ringwalls erhalten.

Volcanic eruptions created the mighty porphyry walls high above Baden-Baden. The Battertfelsen are also popular with climbers and hikers. The remains of a Celtic ring wall can be seen on the uplands.

Des éruptions volcaniques créèrent les imposantes parois de porphyre au-dessus de Baden-Baden. Les rochers de Battert sont très prisés comme parcours d'escalade mais aussi pour des randonnées pédestres. Le haut plateau comporte les vestiges d'une enceinte celte.

Vor 900 Jahren machten die Markgrafen von Baden das »Alte Schloss« am Westhang der Battertfelsen zu ihrem Stammsitz. Die Ruine Hohenbaden ist heute ein beliebtes Ausflugsziel.

The Margraves of Baden made the "Altes Schloss" on the western slopes of the Battertfelsen into their home 900 years ago. The Hohenbaden ruins are a popular destination for excursions.

Il y a 900 ans, les Margraves de Bade firent de leur « vieux château » sur le versant ouest des rochers de Battert le siège familial. La ruine de Hohenbaden fait aujourd'hui l'objet d'excursions prisées.

Die Winzer in Varnhalt und drei Nachbardörfern dürfen ihren Wein in Bocksbeutel-Flaschen abfüllen, die sonst nur Frankenweinen vorbehalten sind: 1971 bestätigte der Bundesgerichtshof das historische Privileg der Baden-Badener Reblandgemeinden.

The winegrowers in Varnhalt and three neighbouring villages are allowed to bottle their wines in bocksbeutel bottles, which are usually reserved for wines from Franconia. The German Federal Court confirmed the historical privilege of the Baden-Baden winegrowers in 1971.

Les vignerons de Varnhalt et de trois villages voisins ont le droit de mettre leur vin en bouteilles plates, réservées uniquement aux vins de Franconie. Le Tribunal Fédéral Allemand a confirmé en 1971 ce privilège historique des communes vigneronnes de la région de Baden-Baden.

Anfang April stehen die Zwetschgenbäume bei Bühl in voller Blüte. Ihre frühreifen Früchtchen geben der modernen Industriestadt, dem Stammsitz von Weltunternehmen wie UHU, bis heute den Beinamen »Zwetschgenstadt«.

At the beginning of April the plum trees near Bühl are in full bloom. Even today, the early fruit gives the modern industrial town, the headquarters of global enterprises such as UHU, the nickname "Plum Town".

Début avril, les pruniers à quetsches sont en pleine floraison près de Bühl. Leurs petits fruits précoces ont donné, jusqu'à nos jours, le surnom de « ville des quetsches » à cette ville industrielle moderne qui héberge le siège social d'entreprises mondiales, comme UHU.

Unter einer modernen Straßenlampe duckt sich Bühls achteckiger Rathausturm aus dem 16. Jahrhundert neben der 1877 gebauten Kirche Peter und Paul. Zu ihren Füßen wird Anfang September vier Tage lang das traditionelle Zwetschgenfest gefeiert.

The 16th century octagonal tower of Bühl town hall seen from under a modern streetlamp alongside the Church of St. Peter and St. Paul, built in 1877. For four days in September, the traditional Plum Festival is celebrated at its foot.

La tour octogonale de la mairie de Bühl, construite au 16ème siècle, se blottit sous un réverbère moderne. Non loin, se dresse l'église Saint Pierre et Paul. La Fête des Quetsches traditionnelle, organisée sur son parvis début septembre, dure 4 jours.

Durch eine düstere, geheimnisvolle Schluchtenlandschaft ergießen sich die Gertelbachwasserfälle. Nicht umsonst nennen sich Bühlertals Fastnachter »Gertelbach-Dämonen«.

The Gertelbach Waterfalls flow through a dark, mysterious landscape of gorges. It is not for nothing that the Bühlertal carnival association is called the Gertelbach Demons.

Les cascades du Gertelbach mugissent dans un paysage de gorges sombres mystérieuses. Ce n'est pas sans raison que le groupe carnavalesque de Bühlertal se nomme les « démons du Gertelbach ».

Wie ein Märchenschloss schimmert das Luxushotel »Bühlerhöhe« im Abendlicht. Nach Max Grundig und Dietmar Hopp gehört das 100 Jahre alte Prunkstück an der Schwarzwaldhochstraße jetzt einer internationalen Investorengruppe, die es grundlegend sanieren will.

The luxury Bühlerhöhe hotel shimmers like a fairy-tale castle in the evening light. A group of international investors has succeeded Max Grundig and Dietmar Hopp as owners of the 100 year-old treasure on the Black Forest High Street and wants to renovate it fully.

L'hôtel de luxe « Bühlerhöhe » resplendit dans le crépuscule comme un château de conte de fée. Un groupe international d'investisseurs a succédé à Max Grundig et Dietmar Hopp comme propriétaire de cette merveille centenaire sur la Route des Crêtes de la Forêt Noire et va le rénover de fond en comble.

Überschwänglich feierten die Dichter des 19. Jahrhunderts den sagenumwobenen Mummelsee. Sie schwärmten von Nixen und Seekönigen, aber den Zauber des vereisten Sees an einem sonnigen Wintertag haben sie vermutlich nie erlebt.

The poets of the 19th century were ardent fans of the legendary Mummelsee. They talked of nymphs and the kings of the lake, but they probably never experienced the magic of the frozen lake on a sunny winter's day.

Les poètes du 19ème siècle célébrèrent avec exaltation le Mummelsee riche en légendes. Ils s'enthousiasmèrent pour les ondines et les rois des eaux mais n'ont vraisemblablement jamais vécu le charme du lac glacé un jour d'hiver ensoleillé.

Vom Gletscher geschaffen: Steil fällt die Karwand von der 1164 Meter hohen Hornisgrinde zum Mummelsee ab.

Created by glaciers. The cirque wall falls steeply from the 1,164 metre-high Hornisgrinde to the Mummelsee.

Travaillée par un glacier : Depuis la hauteur de 1164 mètres de la Hornisgrinde, la paroi du cirque tombe abruptement vers le Mummelsee.

Im Sommer wird der Mummelsee oft zum »Rummelsee«. Für Touristen an der Schwarzwaldhochstraße gehört er zum Pflichtprogramm.

In the summer the Mummelsee can get very busy. It is a must for tourists travelling along the Black Forest High Street.

En été le Mummelsee se transforme souvent en « Lac des foules ». Il fait partie du programme obligatoire des touristes qui suivent la Route des Crêtes de la Forêt Noire.

Auf dem legendären »Westweg«: In Nebel und Sturm weist die rote Raute des Schwarzwaldvereir s – hier an einem Baumstamm – den Wanderern den Weg.

On the legendary “West Way”. Even in fog and storms, the red diamond of the Schwarzwaldverein—seen here on a tree trunk—shows the way.

Sur le « Chemin de Grande Randonnée Ouest » légendaire : Les jours de brouillard et de tempête, le losange rouge de l’Association de Forêt Noire, apposé ici sur le tronc d’un arbre, indique la bonne direction aux randonneurs.

Die Herden der modernen Wanderschäfer ziehen als Landschaftspfleger über die kahlen Höhen, die hier »Grinden« heißen.

The herds of the modern itinerant shepherds travel over the rough uplands, known here as “Grinden”, like caretakers.

Les troupeaux des bergers nomades modernes entretiennent le paysage des hauteurs pelées que l’on nomme ici les « Grinden ».

Bis 1999 war der höchste Gipfel des Nordschwarzwalds militärisches Sperrgebiet. Heute ist der 1840 erbaute Signalturm auf der Hornisgrinde ein beliebter Aussichtspunkt.

The highest point in the northern Black Forest was closed off by the military until 1999. Today, the signal tower on the Hornisgrinde, built in 1840, is a popular viewpoint.

Jusqu'en 1999, le plus haut sommet du nord de la Forêt Noire était un terrain militaire d'accès interdit. Aujourd'hui, la tour du signal construite en 1840 sur la Hornisgrinde est un belvédère bien visité.

Oase der Ruhe: Der »Wilde See« unterhalb des 1055 Meter hohen Seekopfs ist nur zu Fuß erreichbar. Sein Bannwald ist das älteste Naturwaldreservat in Baden-Württemberg.

Oasis of calm. The “Wilder See” below the 1,055 metre-high Seekopf can only be reached on foot. Its surrounding forest is the oldest ancient forest reserve in Baden-Württemberg.

Un oasis de calme : Ce n’est qu’à pieds que l’on peut aller au « Lac Sauvage » qui dort au pied du Seekopf d’une altitude de 1055 mètres. Sa forêt naturelle est la plus ancienne réserve de forêt naturelle du Bade-Wurtemberg.

Abendliches Skivergnügen am Seibelseckle.

Evening skiing on the Seibelseckle.

Joies du ski à la tombée du jour au Seibelseckle.

Naturparkmärkte wie hier am Naturschutzzentrum Ruhestein bieten Bauern, die mit den großen Agrarfabriken nicht konkurrieren können und wollen, neue Absatzchancen. Ernährungsbewusste Verbraucher schätzen natürliche Produkte aus dem Schwarzwald.

Nature Park markets, like this one at the Ruhestein Nature Reserve, offer new money-making opportunities for farmers who cannot and do not want to compete with the large agricultural factories. Nutrition-conscious consumers are particularly keen on natural products from the Black Forest.

Les marchés de parc naturel, comme ici au centre de protection de la nature de Ruhestein, offrent de nouvelles chances de distribution aux agriculteurs qui ne veulent ou ne peuvent entrer en concurrence avec les grandes fabriques agro-alimentaires. Les consommateurs soucieux d'une alimentation saine apprécient les produits naturels de la Forêt Noire.

Herbstimpressionen aus dem Achertal bei Kappelrodeck – oder doch aus der Toskana?

Autumn impressions from the Acher Valley near Kappelrodeck—or is it Tuscany?

Impressions automnales dans la vallée de l'Acher près de Kappelrodeck – ou bien sommes-nous en Toscane ?

Für fünf Millionen Euro konnte man jüngst dieses Spukschloss im Achertal kaufen. Die exklusive Immobilie im Stil der Neorenaissance wurde 1879 auf den Resten der mittelalterlichen Burg Rodeck gebaut.

This ghostly castle in the Acher Valley was recently put up for sale for five million Euros. This exclusive neo-Renaissance property was built in 1879 on the foundations of the medieval Rodeck Castle.

Il y a peu de temps, ce château hanté situé dans la vallée de l'Acher était à vendre pour 5 millions d'Euro. Ce bâtiment exclusif de style néo-renaissance a été construit en 1879 sur les vestiges du château fort moyenâgeux de Rodeck.

In solchen Momenten fällt der Weg ins Büro schwer: Ein sehnsüchtiger Blick aus dem Morgendunst bei Achern zeigt, welch herrlicher Tag über der Hornisgrinde anbricht.

Moments like this make the trip to the office even more difficult: a yearning look through the morning mists near Achern shows the beautiful day breaking over the Hornisgrinde.

Une telle ambiance rend difficile le retour au bureau. Un coup d'œil nostalgique dans la brume matinale près de Achern fait espérer une journée radieuse sur la Hornisgrinde.

Acht historische Mühlen und eine Hammerschmiede machen Ottenhöfen als »Mühlendorf« bekannt.

Its eight historic mills and a smithy are what gives Ottenhöfen its title as a "mill village".

Huit moulins historiques et une ancienne forge à marteau-pilon ont donné à Ottenhöfen son nom de « village des moulins ».

Am Westhang des Schwarzwalds entladen sich die Regenwolken wie hier über dem Achertal.

Rainclouds release their load on the western slopes of the Black Forest, as can be seen here above the Acher Valley.

Les nuages déversent leur chargement de pluie sur le versant ouest de la Forêt Noire, comme ici au-dessus de la vallée de l'Acher.

Als das Kloster Allerheiligen 1803 an den badischen Staat fiel, wurde es als Fabrik und zuletzt sogar als Steinbruch genutzt. Gerade noch rechtzeitig für die Rettung der letzten Reste entdeckten Dichter und Reiseschriftsteller die Magie des Ortes.

When the All Saints' Monastery fell to the state of Baden in 1803, it was used as a factory and even as a quarry. Poets and travel guide writers discovered the magic of the place just in time to rescue the remaining ruins.

Lorsque l'état de Bade devint propriétaire du cloître de Allerheiligen, il servit tout d'abord de fabrique avant d'être exploité comme carrière. Des poètes et des écrivains de livres de voyages découvrirent à temps la magie de ces lieux et en sauvèrent les derniers vestiges.

Auf dem »Lotharpfad« an der Schwarzwaldhochstraße: Mit voller Wucht traf der Orkan Lothar am Weihnachtstag 1999 die westlichen Höhen des Nordschwarzwalds.

On the "Lothar Path" by the Black Forest High Street: Hurricane Lothar hit the western heights of the northern Black Forest with full force on Boxing Day, 1999.

Sur le « Chemin de Lothaire » le long de la Route des Crêtes de la Forêt Noire : C'est toute la puissance de l'ouragan baptisé « Lothaire » qui frappa les cimes occidentales du Nord de la Forêt Noire le jour de Noël 1999.

Folgende Doppelseite: Eine Landschaft von unwirklicher Schönheit erlebt der Skiwanderer am Kniebispass bei Freudenstadt.

Following double page: Nordic skiers can experience a landscape of indescribable beauty on the Kniebis Pass near Freudenstadt.

Les amateurs de ski de fonds peuvent admirer un paysage d'une beauté irréelle au col de Kniebis près de Freudenstadt.

Als Freudenstadt 1599 gebaut wurde, war in seinem Zentrum ein Residenzschloss geplant. Stattdessen bietet heute der größte Marktplatz Deutschlands Raum für Kultur und Freizeit.

When Freudenstadt was built in 1599, a residential palace was planned for its centre. Instead, Germany's largest market square offers plenty of space for cultural and leisure activities.

Lorsque Freudenstadt fut bâtie en 1599, un château résidentiel était prévu en son centre. A sa place, la plus vaste place de marché d'Allemagne met son espace au service de la culture et des loisirs.

Freudenstadts Grundriss erinnert an ein Mühlebrett. Auf Geheiß seines Herzogs entwarf Württembergs Renaissancebaumeister Heinrich Schickhardt die Stadt als moderne Metropole im abgelegenen Schwarzwald.

From above, Freudenstadt reminds one of a game of nine men's morris. On the orders of his duke, Württemberg's Renaissance master architect, Heinrich Schickhardt, drew up plans for a modern metropolis in the rural Black Forest.

Le plan de Freudenstadt rappelle un jeu de marelle. C'est sur ordre de son Duc que l'architecte wurtembergeois de la Renaissance Heinrich Schickhardt conçu la ville comme métropole aux confins de la Forêt Noire.

Viele Jahre stand Freudenstadts malerisches Traditionshotel »Palmenwald« leer. Ein bulgarischer Unternehmer hat das denkmalgeschützte Jugendstilensemble aus dem 19. Jahrhundert mit Millionenaufwand saniert und wieder eröffnet.

Freudenstadt's traditional hotel Palmenwald stood empty for many years. A Bulgarian entrepreneur spent millions restoring the listed 19th century Art Nouveau ensemble and has reopened it.

L'hôtel pittoresque et riche en traditions de Freudenstadt, le « Palmenwald », est resté vide de longues années. Des investissements de plusieurs millions d'Euro ont permis à un entrepreneur bulgare d'assainir et de réouvrir cet ensemble Art Nouveau du 19ème siècle inscrit aux monuments historiques.

Auf dem Morlokhof in Baiersbronn wirkten einst Wunderheiler, heute zaubern dort Gourmetköche. So hat Hotelier Hermann Bareiss einen der letzten typischen Bauernhöfe des Nordschwarzwalds vor dem Verfall bewahrt.

The Morlokhof in Baiersbronn was once the home of mystical healers. Top chefs now work their culinary magic here. In so doing, the hotelier Hermann Bareiss protected one of the last typical farmsteads in the northern Black Forest against destruction.

Le Morlokhof à Baiersbronn était autrefois le lieu de travail de guérisseurs. Aujourd'hui, ce sont des cuisiniers qui enchantent les gourmets. L'hôtelier Hermann Bareiss a ainsi sauvé de la disparition une des dernières fermes typiques du nord de la Forêt Noire.

Hirsauer Mönche errichteten im 11. Jahrhundert die Benediktinerabtei Sankt Gregor in Klosterreichenbach. Auch ihre romanische Kirche entstand nach Hirsauer Vorbild. Im Mittelalter war das Murgtalkloster einer der größten Waldbesitzer Deutschlands.

The monks of Hirsau erected the Benedictine abbey of St. Gregory in Klosterreichenbach in the 11th century. Even its Romanesque church resembles that of Hirsau. In the Middle Ages, the Murgtal monastery was one of Germany's leading owners of forests.

Des moines d'Hirsau ont bâti au 11ème siècle l'abbaye bénédictine de Saint Gregor à Klosterreichenbach. Son église romane fut aussi réalisée d'après le modèle d'Hirsau. Au Moyen Âge, le cloître de la vallée de la Murg possédait le plus vaste domaine forestier d'Allemagne.

Forbachs gedeckte Holzbrücke ist das Wahrzeichen der Gemeinde. Den neoromanischen »Dom des Murgtals« mit den wuchtigen Doppeltürmen finanzierte sie mit Holzverkäufen aus dem »Heiligenwald«.

Forbach's covered wooden bridge is the symbol of the town. The community paid for the construction of the neo-Romanesque "Cathedral of the Murg Valley", with its massive twin towers, through the sale of wood from the "Heiligenwald".

Le pont de bois couvert est le symbole de Forbach. La construction de la « Cathédrale de la Vallée de la Murg », de style néo-roman, et de son double clocher imposant, a été financée par la vente du bois de la forêt du « Heiligenwald ».

Für wuchtige Bauernhöfe mit ausladenden Heuschobern war im engen Murgtal bei Forbach kein Platz. Also behalfen sich die Menschen mit kleinen Heuhütten an den Wiesenhängen.

The narrow Murg Valley near Forbach offered no space for sprawling farmsteads and hay stores. Therefore people built small hay huts on the grassy slopes.

L'étroite vallée de la Murg, près de Forbach, n'offrait pas assez de place pour de grosses fermes et leurs vastes greniers à foin. Les paysans se contentèrent de petites granges à foin installées sur les prairies en pente.

Seit 90 Jahren versorgt die Schwarzenbach-Talsperre das Pumpspeicherwerk in Forbach. Jenseits des Sees führt der »Westweg« zum Aussichtsturm auf der Badener Höhe. Auf dem benachbarten Seekopf ist ein weiteres Staubecken für das Kraftwerk geplant.

The Schwarzenbach Dam has supplied the hydroelectric power station in Forbach for 90 years. On the other side of the lake, the "West Way" leads up to the viewpoint on the Badener Höhe. An additional reservoir for the power station is planned on the neighbouring Seekopf.

Le barrage de Schwarzenbach alimente depuis 90 ans l'usine de pompage de Forbach. De l'autre côté du lac, le « Chemin de Grande Randonnée Ouest » mène au belvédère de la Badener Höhe. Un autre bassin de retenue, destiné à l'usine de pompage, est prévu sur le Seekopf voisin.

Eine Pioniertat war der Bau der Murgtalbahn im 19. Jahrhundert. In der engen Schlucht bei Forbach passiert sie auf nur 20 Kilometern zehn Tunnels und das kühne Tennet-schlucht-Viadukt. Heute rollt hier die Stadtbahn von Karlsruhe bis Freudenstadt.

The construction of the Murg Valley Railway in the 19th century was a truly pioneering work. In the narrow gorge near Forbach, it passes through ten tunnels and the breathtaking Tennet Gorge Viaduct in the space of 20 kilometres. Today, suburban trains run along the line from Karlsruhe to Freudenstadt.

La construction du chemin de fer de la Vallée de la Murg fut une œuvre de pionnier au 19ème siècle. Dans les gorges étroites près de Forbach, elle traverse, sur vingt kilomètres, dix tunnels et l'audacieux viaduc de la gorge de Tennet. Le trajet est aujourd'hui utilisé par la ligne régionale de Karlsruhe à Freudenstadt.

Siedlungen, Industrie und Verkehrswege drängen sich auf dem schmalen Grund des gewundenen Murgtals.

Settlements, industry and traffic routes all jostle for position on the narrow floor of the winding Murg Valley.

Les villages, l'industrie et les voies de communication se partagent l'étroit espace de la vallée tortueuse de la Murg.

Mit drei Milliarden Bierdeckeln jährlich beherrscht Weisenbach den Bierdeckel-Weltmarkt. Das Traditionsunternehmen Katz entstand aus einem Sägewerk der legendären Murgschiffer, die im Mittelalter mit Flößerei und Holzhandel reich wurden.

Weisenbach produces more than three billion beermats per year, making it the world leader. The long-established company Katz developed from a sawmill of the legendary Murg Rafters, who became rich in the Middle Ages through rafting and the wood trade.

La commune de Weisenbach et ses trois milliards de ronds de bière fabriqués chaque année dominent le marché mondial du sous-verre en carton. L'entreprise de tradition Katz provient d'une scierie des flotteurs de bois légendaires de la Murg qui s'enrichirent, au Moyen Âge, grâce au flottage et au commerce du bois.

Die badischen Markgrafen ließen eine verfallene Burg hoch über Gernsbach im 18. Jahrhundert zu einem wohnlichen Schloss umbauen. Heute ist Schloss Eberstein eine Feinschmeckeradresse mit eigenem Weinberg.

In the 18th century, the Margraves of Baden turned a ruined castle high above Gernsbach into a pleasant palace. Today, Schloss Eberstein is a favourite with lovers of fine food and even has its own vineyard.

Les Margraves de Bade firent transformer, au 18ème siècle, un château fort en ruine se trouvant au-dessus de Gernsbach, en une résidence accueillante. Le château Eberstein est aujourd'hui une adresse pour gourmets. Il possède ses propres vignobles

Vor Gernsbachs Liebfrauenkirche zeichnet sich der eindrucksvolle Giebel des »Alten Rathauses« ab. Es gilt als Kleinod der Spätrenaissance. Ein reicher Murgschiffer ließ es 1617 von Heidelbergs Hofbaumeister Johann Schoch errichten.

The fine gable of the "Old City Hall" can be seen in front of Gernsbach's Church of Our Lady. It is considered a late-Renaissance treasure. A rich Murg Rafter had it built in 1617 by Heidelberg's court architect, Johann Schoch.

Le pignon impressionnant de « l'ancien hôtel de ville » se dresse devant la Liebfrauenkirche de Gernsbach. Il est un bijou du Maniérisme. C'est un riche flotteur de bois de la Murg qui l'a fait bâtir en 1617, par l'architecte à la cour, Johann Schoch, de Heidelberg.

Gleitschirmstart an der Teufelsmühle bei Loffenau. Im Murgtal drängt sich die Industriestadt Gaggenau, wo seit 1895 Automobile gebaut werden.

Paragliding launch at the Teufelsmühle near Loffenau. The industrial town of Gaggenau squeezes into the Murg Valley. Cars have been built here since 1895.

Départ d'un parapente de la Teufelsmühle près de Loffenau. Le centre industriel Gaggenau se blottit dans la vallée de la Murg. On y fabrique des automobiles depuis 1895.

In den weitläufigen Fabrikhallen des Gaggenauer Mercedes-Werks rollte 50 Jahre lang das Allzweck-Fahrzeug UNIMOG vom Band. Ihm ist heute ein privates Museum im Ortsteil Bad Rotenfels gewidmet.

The all-purpose UNIMOG rolled off the production line at the vast Mercedes factory in Gaggenau for 50 years. It now has its own private museum in the suburb of Bad Rotenfels.

Pendant 50 ans, le véhicule polyvalent UNIMOG quitta les vastes chaînes de production de l'usine Mercedes de Gaggenau. Un musée privé lui est consacré dans le hameau de Bad Rotenfels.

Als Ersatz für das zerstörte Baden-Baden ließ Markgraf Ludwig Wilhelm 1697 seine imposante Barockresidenz in Rastatt bauen. Nichts Geringeres als Versailles nahm der Held der Türkenkriege dabei zum Vorbild.

Following the destruction of Baden-Baden, Margrave Ludwig Wilhelm had an imposing Baroque palace built in Rastatt in 1697. The hero of the Turkish wars modelled it on no less a palace than Versailles.

Le Margrave Ludwig Wilhelm fit construire son imposante résidence baroque à Rastatt, en remplacement de Baden-Baden détruite. Le héros de la guerre contre les Turcs ne prit rien de moins que le château de Versailles comme modèle.

Wichtige Handelswege und die Wasserkraft des Flüsschens Alb machten Ettlingen schon im Mittelalter zu einer wohlhabenden Stadt. Ihr wuchtiger Rathausturm stammt aus dem 13. Jahrhundert, das barocke Rathaus wurde nach dem Pfälzer Erbfolgekrieg errichtet.

Important trading routes and the power of the Alb River turned Ettlingen into a wealthy medieval town. Its solid Town Hall Tower dates back to the 13th century and the Baroque town hall was erected after the Palatinate War of Succession.

D'importantes voies commerciales et la force motrice de la petite rivière Alb firent, dès le Moyen Âge, la richesse d'Ettlingen. La tour imposante de son hôtel de ville fut construite au 13ème siècle. L'hôtel de ville baroque a été érigé après la Guerre de Succession du Palatinat.

Mit 322,7 Metern markiert der Edelberg im Höhenstadtteil Grünwettersbach den höchsten Punkt der Stadt Karlsruhe. Der Ballonfahrer vor dem Sendeturm ist hoffentlich wirklich »gut versichert«.

At 322.7 metres, the Edelberg, in the suburb of Grünwettersbach, is the highest point in the city of Karlsruhe. The balloon pilot in front of the transmission tower is hopefully well-insured.

Avec son altitude de 322,7 mètres, l'Edelberg du hameau de Grünwettersbach est le point le plus élevé de la ville de Karlsruhe. Le pilote du ballon qui plane devant le relais de télécommunications a apparemment « une bonne assurance ».

1715 gründete Markgraf Karl-Wilhelm seine neue Residenzstadt in der Rheinebene. Als Sitz von Bundesverfassungsgericht und Bundesgerichtshof ist Badens einstige Hauptstadt seit 1950 die »Residenz des Rechts«.

Margrave Karl-Wilhelm founded his new capital city on the Rhine Plain in 1715. As the seat of the Federal Judiciary and Federal Constitutional Court, Baden's former capital has been the "Capital of the Law" since 1950.

C'est en 1715 que le Margrave Karl-Wilhelm fonda sa nouvelle ville résidentielle dans la plaine du Rhin. Siège du Tribunal Constitutionnel Fédéral et du Tribunal Fédéral, l'ancienne capitale du Bade est, depuis 1950, la « Résidence du Droit ».

Vom Turm des Barockschlosses strahlt Karlsruhes charakteristischer Fächergrundriss aus.

Karlsruhe's characteristic fan-like layout spreads out from the tower of the Baroque palace.

La tour du château baroque est le centre du plan en éventail caractéristique de Karlsruhe.

Friedrich Weinbrenners klassizistische Architektur prägt das Bild der Karlsruher Innenstadt: Das Säulenportal der Stadtkirche stammt ebenso von ihm wie das gegenüberliegende Rathaus.

Friedrich Weinbrenner's classical architecture is the hallmark of Karlsruhe city centre: The portico of the Stadtkirche is one of his works, as is the City Hall opposite.

C'est l'architecture néo-classique de Friedrich Weinbrenner qui marque la physionomie du centre-ville de Karlsruhe : C'est lui qui réalisa la colonnade du portail de l'église de la ville ainsi que l'hôtel de ville qui lui fait face.

Die Zisterzienserabtei Herrenalb war die Schwester des weltberühmten Klosters Maulbronn. Sie wurde jedoch im Dreißigjährigen Krieg zerstört. Ein beliebtes Fotomotiv ist das spätromanische »Paradies«, die einstige Vorhalle der Klosterkirche.

The Cistercian abbey of Herrenalb was the sister of the world-famous Maulbronn Monastery. However, it was destroyed in the Thirty Years' War. The late-Romanesque "Paradise", the former entrance hall to the monastery church, is a popular photographic motif.

L'abbaye cistercienne de Herrenalb était la sœur du cloître de renommée mondiale de Maulbronn. Mais elle fut détruite pendant la Guerre de Trente Ans. Le « Paradis » de style roman tardif, vestibule de la chapelle du cloître, est aujourd'hui une cible favorite des photographes.

Seit 1898 fährt die Albtalbahn von Karlsruhe nach Bad Herrenalb. Sie bringt Berufspendler in die Stadt und Erholungsuchende in den Schwarzwald. Besonders reizvoll ist eine nostalgische Dampfzugfahrt ins herbstliche Albtal.

The Alb Valley Railway has run from Karlsruhe to Bad Herrenalb since 1898. It takes commuters into the city and those seeking relaxation into the Black Forest. A nostalgic trip by steam train into the autumn colours of the Alb Valley is a particular treat.

Depuis 1898, la ligne de chemin de fer de la Albtalbahn relie Karlsruhe et Bad Herrenalb. Elle assure les migrations pendulaires vers les lieux de travail en ville et transporte vers la Forêt Noire ceux qui cherche le repos. Un parcours en train à vapeur nostalgique dans la vallée de l'Alb en automne est particulièrement attrayant.

Unweit von Herrenalb stifteten die Grafen von Eberstein im 12. Jahrhundert auch das Kloster Frauenalb für junge Damen von Adel.

Close to Herrenalb, the Counts of Eberstein founded the Frauenalb Convent for young women of the nobility in the 12th century.

Non loin de Herrenhalb, les Comtes de Eberstein offrirent également en donation, au 12ème siècle, le cloître de Frauenalb, destiné aux jeunes dames de la noblesse.

Der Wildsee ist Deutschlands größter Hochmoor-»Kolk«. Der Schwingrasen schwimmt praktisch auf dem Wasser des Sees und darf deshalb nicht betreten werden.

The Wildsee is the largest upland marsh "pothole" in Germany. The bog more or less floats on the water of the lake and may therefore not be walked on.

Le Wildsee est le plus important « Kolk » ou lac de marécage d'Allemagne. Il n'est pas permis de marcher sur les herbes et mousses flottantes qui le couvrent.

Hoch über den Tälern von Murg und Enz lenkt ein Bohlenweg die Besucherströme durch die faszinierenden Hochmoore am Kaltenbronn: Allein schon Nährstoffe, die man an den Schuhsohlen einschleppt, können das empfindliche Ökosystem verändern.

High above the Murg and Enz valleys, a boardwalk guides the lines of visitors through the fascinating upland marshes of Kaltenbronn. Even nutrients brought in on the soles of shoes can change the sensitive ecosystem.

Sur les hauteurs des vallées de la Murg et de l'Enz, un chemin de poutres mène les visiteurs à travers les marais de Kaltenbronn : Des substances nutritives collées aux semelles des visiteurs pourraient, à elles seules, modifier cet écosystème sensible.

Wo illustre Jagdgesellschaften einst auf Auerhahnpirsch gingen, ist eines der letzten Reviere des stolzen Vogels. Spaziergängern zeigt er sich kaum – dafür entschädigt das Wildgehege am Kaltenbronn.

The place where illustrious hunting parties chased the capercaillie is now one of the last habitats of the proud bird. It scarcely shows itself to walkers—although the Kaltenbronn game reserve makes up for this.

Une de dernières réserves de coqs de bruyère a été aménagée là où autrefois d'illustres compagnies de chasse étaient à l'affût de ce fier volatile qui ne se montre que très rarement aux promeneurs. – L'enclos de gibier de Kaltenbronn est une compensation.

Der Schlepplift versüßt den Aufstieg zu Bad Wildbads »Bikepark«. Die »Downhill«-Strecke vom Sommerberg gilt als eine der anspruchsvollsten Mountainbike-Abfahrten Deutschlands.

The drag lift makes the climb to Bad Wildbad's "Bikepark" easier. The downhill route from the Sommerberg is considered one of the most challenging mountain bike descents in Germany.

Le remonte-pente facilite la montée vers le « Bikepark » de Bad Wildbad. La descente « Downhill » du Sommerberg est une des plus exigeantes des pistes de VTT d'Allemagne.

Bei Neuenbürg schürften schon die Kelten nach Erz und erschmolzen Eisen. Das Königlich-württembergische Eisenerzbergwerk wurde 1868 stillgelegt, 100 Jahre später spürte ein Verein die fast vergessenen Stollen wieder auf und öffnete die Grube »Frischglück« für Besucher.

Even the Celts mined for ore and created iron near Neuenbürg. The Royal Württemberg Iron Mine ceased output in 1868. 100 years later, a club traced the almost forgotten mine and opened the "Frischglück" pit to visitors.

Près de Neuenbürg, les Celtes ont extrait le minerai et fondu le fer. Les Mines de Fer Royales du Wurtemberg ont été fermées en 1868. 100 plus tard, une association retrouva les galeries presque oubliées et ouvrit la fosse « Frischglück » aux visiteurs.

Enzklösterle liegt wie eine Insel in einem Meer aus Wald. Fast 90 Prozent der Gemeindefläche sind bewaldet.

Enzklösterle looks like an island in a sea of forest. Almost 90 percent of the municipal area is made up of forest.

Enzklösterle semble être une île au milieu d'une mer de forêt. Presque 90 pour cent du territoire de la commune sont couverts de forêt.

Seit 1908 fährt die Standseilbahn aus dem Zentrum Bad Wildbads direkt auf den Sommerberg.

The funicular railway has run from the centre of Bad Wildbad directly up to the Sommerberg since 1908.

Depuis 1908, le funiculaire conduit directement du centre de Bad Wildbad au sommet du Sommerberg.

Hoch über einer Schleife der Enz thront das einstige Schloss der Herzöge von Württemberg. Das Museum im Schloss Neuenbürg widmet sich besonders Wilhelm Hauffs Märchen »Das kalte Herz«.

The former palace of the Dukes of Württemberg sits high above a loop of the River Enz. The museum in Schloss Neuenbürg dedicates itself particularly to Wilhelm Hauff's fairy-tale "A Heart of Stone".

L'ancien château des Ducs de Wurtemberg domine une boucle de l'Enz. Le musée du château de Neuenbürg est dédié tout particulièrement au conte « le cœur froid » de Wilhelm Hauff.

Maurische Hallen und üppiges Jugendstildekor in Bad Wildbads Palais Thermal: Von schwäbischer Sparsamkeit ist im ehemaligen Eberhardsbad kein Hauch zu spüren. Für das königliche Staatsbad ließ Seine Majestät 1868 sogar eigens die Enztalbahn bauen.

Moorish halls and fine Art Nouveau decorations in Bad Wildbad's Palais Thermal: there's no sign of Swabian penny-pinching in the former Eberhardsbad. The king even had the Enz Valley Railway built specially to the Royal Baths in 1868.

Salles mauresques et riches décors Art Nouveau dans le Palais Thermal de Bad Wildbad : On ne trouve pas la moindre trace de la parcimonie souabe dans les anciens bains Eberhard. Sa Majesté fit construire, en 1868, la ligne de chemin de fer de l'Enztal tout spécialement pour faciliter l'accès aux bains royaux.

Glanzlichter über der »Goldstadt«: Der schlanke »Campanile« der Stadtkirche (rechts im Bild) und die Licht-Installationen am Sparkassenturm überragen das nächtliche Pforzheim. Die Stadt ist seit dem 19. Jahrhundert eine Weltmetropole für Schmuck und Uhren.

The “gold city” lit up: the slender campanile of the Stadtkirche (on the right of the picture) and the lighting installation on the Sparkassenturm rise above Pforzheim. The city has been a global jewellery and clock-making centre since the 19th century.

Lumières sur la « Ville de l’Or » : Le « campanile » élancé de l’église (à droite sur la photo) et les éclairages de la tour de la Sparkasse dominent l’ambiance nocturne de Pforzheim. Depuis le 19ème siècle, la ville est une métropole mondiale des bijoux et des montres.

Fünf Stelen auf dem Wallberg erinnern an Pforzheims Zerstörung am 23. Februar 1945. Bei dem Luftangriff starben 17 600 Menschen. Die Bilder auf den Stelen zeigen die historische, die zerstörte und die wieder aufgebaute Stadt.

Five columns on the Wallberg are a reminder of Pforzheim's destruction on 23rd February 1945. 17,600 people died in the air raid. The pictures on the columns show the historic city, the destroyed city and the rebuilt city.

Cinq stèles sur le Wallberg rappellent la destruction de Pforzheim le 23 février 1945. 17.600 personnes périrent lors des bombardements aériens. Les gravures des stèles représentent la ville historique, la ville détruite et la ville reconstruite.

Kostbarkeiten aus fünf Jahrtausenden vereint das Schmuckmuseum im Reuchlinhaus. Das Gebäude trägt den Namen des 1455 in Pforzheim geborenen Humanisten Johannes Reuchlin.

The jewellery museum in the Reuchlinhaus presents treasures from five millennia. The building is named after the Humanist Johannes Reuchlin, who was born in Pforzheim in 1455.

Le musée du bijou de la Reuchlinhaus réunit des objets précieux provenant de cinq millénaires. Le musée porte le nom de l'humaniste Johannes Reuchlin né à Pforzheim en 1455.

Anfang des 16. Jahrhunderts hatte die alte Burg Liebenzell ausgedient und verfiel. Ihr trutziger Turm und die Reste der Schildmauer gelten heute als Wahrzeichen der Stadt. Auf der Burg ist eine Jugendbildungsstätte entstanden.

The old Liebenzell Castle was abandoned at the beginning of the 16th century and slowly fell down. However, its defiant tower and the remains of the curtain wall are still the symbol of the town. An educational facility for young people has been created in the castle.

Au début du 16ème siècle, le vieux château fort de Liebenzell ne fut plus utilisé et tomba en ruine. Son donjon imposant et des vestiges de sa courtine forment aujourd'hui le symbole de la ville. L'ensemble abrite aujourd'hui un centre de formation de la jeunesse.

Die Ruinen lassen die Bedeutung der mittelalterlichen Benediktinerabtei in Hirsau allenfalls ahnen: Im 12. Jahrhundert war sie das Zentrum der klösterlichen Reformbewegung im Land. Sie war auch das größte Kloster und ihre fast 100 Meter lange Basilika die größte romanische Kirche in Deutschland.

The ruins give some idea of the significance of the medieval Benedictine monastery in Hirsau. In the 12th century, it was the centre of the monastic reformation movement. It was the largest monastery in Germany and its almost 100 metre-long basilica was also the country's largest Romanesque church.

Les ruines permettent de s'imaginer l'importance de l'abbaye moyenâgeuse de Hirsau : Au 12ème siècle, elle fut le centre du mouvement de réforme monastique du pays. Il s'agissait du plus grand cloître d'Allemagne et sa basilique d'une longueur de presque 100 mètres était la plus grande église romane de ce pays.

Skandal im Hirsauer Klosterareal: Peter Lenks Rockerbraut geriet für manchen Geschmack gar zu üppig und provokativ.

Scandal in the Hirsau monastery complex: Peter Lenk's "Rocker Bride" was too voluptuous and provocative for some people.

Scandale au cloître d'Hirsau : La « fiancée du biker » de Peter Lenk serait, au goût de certains, trop plantureuse et trop provoquante.

Dieses eindrucksvolle Fachwerkensemble gehört zu Calws über 200 denkmalgeschützten Häusern. Sie erinnern an den Wiederaufbau der Stadt, die wie das benachbarte Kloster Hirsau 1692 von französischen Truppen völlig zerstört wurde.

These impressive half-timbered buildings are just some of a collection of over 200 listed structures in Calw. They are a reminder of the reconstruction of the town, which was completely destroyed by French troops in 1692, along with the neighbouring Hirsau monastery.

Cet impressionnant ensemble à colombages est l'une des plus de 200 maisons classées monuments historiques à Calw. Tout comme le cloître voisin de Hirsau, elles témoignent de la reconstruction de la ville, entièrement détruite en 1692 par les troupes françaises.

Hinter der mittelalterlichen Nikolauskapelle auf der Calwer Nagoldbrücke versteckt sich kein Geringerer als der in Calw geborene Nobelpreisträger Hermann Hesse, lebensgroß in Bronze gegossen: Hier war ein Lieblingsplatz seiner Kindheit.

Behind the medieval St. Nicholas' Chapel on the Nagold Bridge in Calw is no less a person than the Nobel Prize winner Hermann Hesse. He was born in Calw and is portrayed in a life-size cast bronze figure. This was one of his favourite places to play as a child.

La statue en bronze de taille réelle du porteur du prix Nobel, Hermann Hesse, né à Calw, se cache derrière la chapelle moyenâgeuse de Saint Nicolas, sur le pont de la Nagold à Calw. Cet endroit était, pendant son enfance, son lieu préféré.

Die mittelalterlichen Fresken in Kentheims romanischer Candidus-Kirche wurden während der Reformation übermalt und erst Jahrhunderte später wiederentdeckt. Das Gotteshaus im Teinachtal gilt als eine der ältesten Kirchen Süddeutschlands.

The medieval frescoes in Kentheim's Romanesque Candidus Church were painted over during the Reformation and only rediscovered centuries later. The church in the Teinach Valley is one of the oldest in southern Germany.

Les fresques moyenâgeuses de l'église romane Saint Candide à Kentheim ont été recouvertes de peinture pendant la Réforme et n'ont été redécouvertes que des siècles plus tard. Cet église dans la vallée de la Teinach est considéré comme une de plus anciennes du sud de l'Allemagne.

Beim »Überfall im Wildbad«, den der Dichter Ludwig Uhland besingt, fand Graf Eberhard von Württemberg 1367 Zuflucht auf Burg Zavelstein. Der Rundblick vom restaurierten Turm der 1692 zerstörten Ritterburg lohnt den Aufstieg.

During the "Attack on Wildbad" in 1367, as retold by the poet Ludwig Uhland, Duke Eberhard of Württemberg took refuge in Zavelstein Castle. The view from the restored tower of the castle, destroyed in 1692, is well worth the climb.

Dans la ballade « Agression à Wildbad » de l'écrivain Ludwig Uhland, le Comte Eberhard de Wurtemberg se réfugie en 1367 au château de Zavelstein. Le panorama offert du donjon de la tour restaurée du château fort détruit en 1692 vaut bien son ascension.

Zavelsteins Krokusblüte im März ist eine Augenweide und ein Rätsel, denn nirgendwo sonst im Land gedeiht wilder Krokus. Vielleicht wollte man hier einst kostbaren Safran anbauen und geriet stattdessen an den hübschen Frühlingssafran.

Zavelstein's crocus blossom in March is a feast for the eyes—and also a mystery. It is the only place in the state in which wild crocuses are found in such abundance. Perhaps attempts were made to cultivate valuable saffron but pretty spring saffron grew instead.

La floraison des crocus à Zavelstein, au mois de mars, est un délice pour les yeux mais aussi un mystère. Nulle part ailleurs, le crocus sauvage ne pousse dans le land. Peut-être a-t-on tenté autrefois de récolter ici le précieux safran et l'a-t-on confondu avec le joli safran de printemps.

38 Meter hoch und fast drei Meter dick ist die wehrhafte Schildmauer der Burg Berneck. Sie krönt einen schmalen Bergrücken, auf dem sich die beiden Häuserzeilen des mittelalterlichen Städtchens erstrecken.

The mighty curtain wall of Berneck Castle is 38 metres high and almost three metres thick. It sits astride a narrow ridge, along the sides of which are the lines of houses of the medieval town.

La courtine du château fort de Berneck a une hauteur de 35 mètres et une épaisseur de presque 3 mètres. Il domine une crête étroite sur laquelle s'alignent les deux rangées de maisons de la bourgade moyenâgeuse.

Mittagspause in Nagolds guter Stube. Nur vor der 300 Jahre alten »Post« stehen Handwerkerautos statt Sonnenschirmen. Vielleicht gibt es wieder eine Überraschung: Vor 100 Jahren wurde bei Sanierungsarbeiten prächtiges Fachwerk freigelegt.

Lunchtime in Nagold's front room. However, builders vans and not sunshades stand in front of the 300 year-old "Post". Maybe there will be another surprise. Restoration work 100 years ago revealed fine half-timbering.

Pause de midi sur la place de Nagold. Devant l'auberge de 300 ans, la vieille « Post », des camionnettes d'artisans remplacent les parasols. Bientôt une surprise peut-être ? Il y a 100 ans, des colombages magnifiques furent dégagés lors de travaux de rénovation.

Über Altensteigs malerischer Altstadt thront das »Alte Schloss« mit seinem wuchtigen Wohnturm aus dem 13. Jahrhundert. Es hat zwei Seitentürme: »Himmel« und Hölle« – und im »Himmel« werden Ehen geschlossen.

The "Old Palace", with its 13th century residential tower, sits high above Altensteig's old town. It has two side towers: "Heaven" and "Hell" — and marriage ceremonies are performed in "Heaven".

Le « Vieux Château » et son imposante tour d'habitation du 13ème siècle dominent la vieille ville pittoresque de Altensteig. Le château a deux tours latérales : « Ciel » et « Enfer ». C'est dans le « ciel » que sont conclus les mariages.

Nach jahrelangen Prozessen durften sich die 125 Meter hohen Windräder auf dem ehemaligen Munitionsdepot bei Simmersfeld endlich drehen. Seit 2007 erzeugt der Windpark Nordschwarzwald Strom für 20 000 Haushalte.

After years of legal wrangling, the 125 metre-high wind turbines on the former munitions depot near Simmersfeld can now turn. The Northern Black Forest Wind Park has been generating electricity for 20,000 homes since 2007.

Après plusieurs années de procédures, les éoliennes d'une hauteur de 125 mètres peuvent enfin tourner dans le ciel de l'ancien dépôt de munitions de Simmersfeld. Depuis 2007, le parc éolien du Nord de la Forêt Noire produit du courant pour 20 000 ménages.

Bei dem Holzfällerdorf Erzgrube stauten einst die Flößer das Wasser und schickten von hier ihre Baumstämme auf die lange Reise. Die moderne Nagoldtalsperre dient dem Hochwasserschutz, erzeugt Strom und ist ein beliebtes Ausflugsziel.

Long ago, the rafters dammed the water by the woodcutting village of Erzgrube and then sent their tree trunks on their long journey. The modern Nagold Valley Dam is used as flood protection, generates power and is a popular tourist destination.

Les flotteurs de bois barraient la rivière près du village de bûcherons de Erzgrube. De là, les troncs partaient pour leur long voyage. Le barrage moderne de la vallée de la Nagold assure aujourd'hui la protection contre les crues, sert à la production d'électricité et est un but très prisé d'excursion.

Folgende Doppelseite: Nebelverhangener Steinwald bei Freudenstadt.

Following double page: A rocky forest near Freudenstadt in the fog.

Double page suivante : Brouillard dans la forêt des pierres près de Freudenstadt.

Im Schwarzwald sollte man gut gerüstet in die Heizperiode gehen.

In the Black Forest, it's wise to be prepared for the heating periods.

En Forêt Noire, la période de chauffage exige de prévoir une bonne réserve de bois.

Einbandvorderseite: »Typisch Schwarzwald« ist die Hexenlochmühle bei Furtwangen. Idyllisch, aber auch vielseitig und tüchtig: Sie brachte nicht nur wuchtige Sägeblätter in Schwung, sondern auch feines Uhrmacherwerkzeug.

Vorderer Vorsatz: Tradition und Moderne bei Titisee: Ein Schwarzwaldhof wie aus dem Bilderbuch spiegelt sich in der Fensterfront eines Hightech-Unternehmens wider.

Seite 1: Glitzernde Wasserspiele am Kloster Hirsau.

Seite 3: Mythischer Schwarzwald: Jeden Augenblick könnte der »Holländer Michel« aus Wilhelm Hauffs Märchen »Das kalte Herz« aus dem Zwielicht auftauchen.

Seite 4: Wehe, wenn der Hut nicht richtig sitzt! Nur ledige Frauen aus Gutach, Kirnbach und Reichenbach dürfen den roten Bollenhut tragen, doch die Ehre ist auch eine Last: Die üppigen Wollballen und der aufwändig geschmückte Zopf wiegen drei Pfund.

Seite 10: »Hommage an die Kraft der Natur«: Der »Windbohrer« des Freiburger Holzbildhauers Thomas Rees bohrt auf dem Schauinsland Löcher in die Luft.

Seite 64: Den Schwarzwald wie aus dem Bilderbuch findet man im Lierbachtal bei Oppenau.

Seite 114: Auf dem Ruhestein an der Schwarzwaldhochstraße geht ein glanzvoller Wintertag zu Ende – im Rheintal staut sich die Wolkendecke.

Cover: "Typically Black Forest"—the Hexenlochmühle near Furtwangen. Idyllic, but also hard-working and versatile: it not only got mighty saws moving, but also powered delicate clock-making equipment.

Front inside cover: The past and present meet at Titisee: a picture-book Black Forest farmstead is reflected in the windows of a hi-tech company.

Page 1: Water glistens at Hirsau Monastery.

Page 3: Mythical Black Forest. At any moment, "Dutch Michael", from Wilhelm Hauff's fairy-tale "A Heart of Stone", could appear in the gloaming.

Page 4: Make sure your hat is on correctly! Only single women from Gutach, Kirnbach and Reichenbach may wear the red Bollenhut hat. But the honour is also a burden: the wealth of woollen balls and the bejewelled pony tail weigh three pounds.

Page 10: "Homage to the Power of Nature". Up on the Schauinsland, "The Wind Driller", created by the Freiburg wood carver Thomas Rees, drills holes in the air.

Page 64: Picture-book Black Forest can be found in the Lierbach Valley near Oppenau.

Page 114: A fine winter's day ends on the Ruhestein by the Black Forest High Street—the clouds remain stuck in the Rhine Valley.

Couverture : Le moulin de la Hexenlochmühle près de Furtwangen est un exemple « typique de la Forêt Noire ». Idyllique mais aussi polyvalent et diligent, il entraînait les puissantes lames de scie mais aussi l'outillage précis de l'horloger.

Page de garde avant : Tradition et modernisme près de Titisee : Une ferme de Forêt Noire digne d'un livre d'images se reflète dans la façade d'une entreprise de haute technologie.

Page 1 : Féérie des gouttes d'eau à la fontaine du cloître de Hirsau.

Page 3 : La forêt Noire mythique : A chaque instant, « Michel le Hollandais », une figure du conte « le cœur froid » de Wilhelm Hauff, pourrait surgir de la pénombre.

Page 4 : Gare si le chapeau n'est pas bien en place ! Seules les femmes célibataires de Gutach, Kirnbach et Reichenbach ont le droit de porter le chapeau aux pompons rouges. Mais cet honneur est aussi une charge : Les pompons de laine oppulents et la tresse aux riches ornements pèsent trois livres.

Page 10 : « Hommage à la force de la nature » : Le « perceur de vent » du sculpteur sur bois fribourgeois Thomas Rees perce des trous dans l'air.

Page 64 : La Forêt Noire de livre d'images se rencontre dans la vallée du Lierbachtal près de Oppenau.

Page 114 : Une journée d'hiver radieuse se termine au Ruhestein, le long de la Route des Crêtes de Forêt Noire – la couche de nuages s'amasse dans la vallée du Rhin.

---

1. Auflage 2012

Umschlaggestaltung: Christoph Wöhler, Tübingen, unter Verwendung von Fotografien von Peter Sandbiller.
Übersetzung ins Englische: David Whitehead, Backnang.
Übersetzung ins Französische: Michel Thobois, Backnang.
Druck: Gulde-Druck, Tübingen.
Printed in Germany.

ISBN 978-3-8425-1198-9

Der Schwarzwald